Margot Hellmiß/Falk Scheithauer

Natürlich behandeln mit Heilerde

Heilerde richtig anwenden als Wickel, Bäder, Puder, Masken und Tees. Mineralstoffmängel ausgleichen, die Verdauung unterstützen und den Körper entschlacken

SÜDWEST

Inhalt

Innerlich angewendet bindet Heilerde Giftstoffe und überschüssige Säure. Sie unterstützt den Aufbau einer gesunden Darmflora.

Eine Heilerdemaske wirkt reinigend und entzündungshemmend. Sie nimmt Talgabsonderungen, feinste Schmutzpartikel und Bakterien auf.

Geschenk der Natur

Heilerde ist ein Klassiker der Volksmedizin. Seine erstaunliche Wirkung bei vielen Beschwerden hat das bräunliche bzw. grünliche, neutral schmeckende Pulver u. a. seinem hohen Gehalt an Eisen, Kalk, Kieselsäure, Magnesium und Natrium zu verdanken.

Heilende Erden zählen zu den ältesten Arzneimitteln der Welt. Seit Menschengedenken werden sie zur Vorbeugung und Behandlung von Krankheiten, als Nahrungsergänzung, für Schönheit und Wohlbefinden sowie zur Körperpflege genutzt.

In den alten Hochkulturen Indiens, Chinas, Babyloniens und Ägyptens wusste man bereits um die Heilkraft bestimmter Erden und setzte sie gezielt gegen viele Leiden und kleinere Beschwerden ein. In der Antike wurden ihre Heilwirkungen erstmals systematisch erfasst. In jüngerer Zeit machten Pfarrer Sebastian Kneipp, »Lehmpastor« Emanuel Felke und der Laientherapeut Adolf Just die Heilerde populär. Seit Beginn des 20. Jahrhunderts widmet sich auch die Medizin der Erforschung ihrer Wirkungsweise. Und mittlerweile gibt es kaum ein Naturheilmittel, dessen gesundheitlicher Nutzen so umfangreich dokumentiert ist wie der von Heilerde.

Breit gefächertes Wirkungsspektrum

Heilerde kann innerlich und äußerlich angewendet werden. Ihre Wirkung beruht – vereinfacht gesagt – auf der Tatsache, dass sie einerseits Gifte, Schadstoffe und Bakterien bindet, andererseits wertvolle Mineralstoffe und Spurenelemente abgibt.

Heilerde – in Wasser oder Tee gelöst und morgens auf nüchternen Magen getrunken – harmonisiert die Darmflora, entgiftet, entsäuert, entschlackt, regt den Stoffwechsel an und stärkt das Immunsystem. Die kurmäßige Einnahme von Heilerde ist zur vorbeugenden Gesundheitspflege und Rundumerneuerung jedem zu empfehlen.

Darüber hinaus hat sich Heilerde als sanftes Mittel gegen Darminfektionen, Verstopfung, Durchfall, Magenbeschwerden, Sodbrennen, Lebensmittelvergiftungen u. v. a. m. bewährt. Mit Heilerde kann man auch den Cholesterinspiegel günstig beeinflussen und eine Diät oder Fastenkur wirkungsvoll unterstützen.

Geheimwaffe gegen Darmträgheit

Schon vielen Menschen ist es so ergangen, dass sie, vielleicht aufgrund leichter Verdauungsbeschwerden, eine Weile Heilerde eingenommen und dann ein kleines Wunder erlebt haben: Nicht nur die Störungen im Magen-Darm-Bereich verschwanden, auch andere Beschwerden, die man auf den ersten Blick nicht mit der Verdauung in Zusammenhang bringen würde, besserten sich zusehends. Kopfschmerzen verschwanden, der Rücken schmerzte nicht mehr, die Haut wurde straffer, Unreinheiten gingen zurück, die Libido bekam neuen Auftrieb, Gelenkprobleme besserten sich, allfällige allergische Reaktionen blieben aus, und – für viele das Erfreulichste – die Waage zeigte ein paar Kilogramm weniger an. Auch Befindlichkeitsstörungen, die oft auf seelische Ursachen zurückgeführt werden, wie Abgeschlagenheit, Antriebsschwäche oder depressive Verstimmungen, konnten mit einer Heilerdekur schon gebessert werden.
Der Grund für solche unerwarteten Veränderungen ist simpel: Nicht selten sind diese Beschwerden ursächlich auf einen durch ständige Überforderung schwerfällig gewordenen Darm zurückzuführen. Viele Symptome der Darmträgheit, die zumindest in den westlichen Industrienationen als Volkskrankheit weit verbreitet ist, können mit Heilerde wirkungsvoll bekämpft werden.

Innerlich wird Heilerde vor allem zur Behebung von Magenbeschwerden und zur Regulierung der Verdauung eingesetzt. Äußerliche Anwendungen helfen bei Wunden, Verbrennungen, Insektenstichen, Hautproblemen und rheumatischen Beschwerden.

Einfache und risikolose Anwendung

Äußerlich findet Heilerde – mit Wasser oder Essigwasser angerührt – als Auflage, Wickel, Gesichtsmaske oder Badezusatz Verwendung. Das breite Anwendungsspektrum reicht von Hautunreinheiten, leichteren Brandwunden, Insektenstichen, juckenden Ekzemen und nässenden Geschwüren bis hin zu schmerzhaften Gelenkerkrankungen, chronischen Venenentzündungen oder Krampfadern.
Eine Therapie mit Heilerde ist einfach in der Anwendung, preiswert, frei von Nebenwirkungen und überzeugend im Resultat. Heilerde ist ein Klassiker der Volksmedizin, dessen ganze Bandbreite noch viel zu wenig bekannt ist und dessen Neuentdeckung sich wirklich lohnt.

Heilerde – Tradition und Geschichte

Bei den Elefanten gehört das Suhlen im Schlamm ebenso zur täglichen Körperpflege wie ein Bad, wobei die Tiere wiederum schlammiges Wasser bevorzugen.

Ausgiebiges Suhlen lässt nicht nur die blutigen Spuren der Brunftkämpfe schneller abheilen, es verschafft auch Kühlung, verscheucht Insekten und zählt nicht zuletzt mit zum Imponiergehabe jedes stolzen Platzhirschs.

Instinktives Wissen der Tiere

In der Zoologie sind eine ganze Reihe von Säugetieren bekannt, die neben ihrer üblichen Nahrung auch regelmäßig Erde verzehren. Instinktiv versorgen diese Tiere sich so mit heilkräftigen Substanzen und lebensnotwendigen Mineralien. So ergänzen etwa Buschböcke, die zur Gattung der Antilopen gehören, ihre tägliche Kost aus Blättern, Knospen und Früchten durch Erde. Und Springböcke, eine afrikanische Gazellenart, oder die südamerikanischen Pekaris, den Schweinen verwandte Tiere, lassen sich zu ihrem üblichen Grünfutter ebenfalls mineralhaltige Erde schmecken.

Schlamm und Staub zur Wundheilung

Andere Tiere bevorzugen die äußerliche Anwendung von Erde. Schlamm- oder Staubbäder helfen ihnen bei der Körperpflege. Dadurch werden angriffslustige Insekten in die Flucht geschlagen oder deren Bisse und Stiche rascher zum Abheilen gebracht. Und instinktiv wälzen sich Tiere in Erde oder Schlamm, wenn sie beispielsweise bei Revier- oder Brunftkämpfen verletzt wurden.

Wildhütern und Jägern in den Wäldern der nördlichen Hemisphäre ist bekannt, dass sich verwundete Wildschweine, Hirsche oder Rehe ausgiebig suhlen. Besonders die verletzten Körperteile tauchen sie dabei immer wieder in den erdigen Brei ein.

Früher gingen Bauern gegen Zerrungen, Prellungen und Verletzungen bei Pferden oder beim Vieh mit Heilerdeverbänden vor. Auch Darmparasiten und andere den Darmbereich betreffende Probleme der Vierbeiner wurden traditionell mit Erdgaben behandelt. Und noch heute werden in der Tierbehandlung mit Heilerde gute Erfolge erzielt. Ein französischer Heilerdevertrieb bietet beispielsweise ein umfangreiches Heil- und Pflegesortiment für Pferde an, das unter der Bezeichnung »Argiletz horse« auf dem Markt ist.

Nachahmung durch den Menschen

Vermutlich haben Tierbeobachtungen, ergänzt durch ein instinktives Wissen um die Heilkraft der Erde, den Menschen dazu gebracht, Erde als Therapeutikum zu nutzen. Aller Wahrscheinlichkeit nach verwendeten schon unsere steinzeitlichen Vorfahren in Afrika vor Hunderttausenden von Jahren Erde auf die vielfältigste Weise. Und Berichte über heute noch steinzeitlich lebende Völker, wie z. B. die Eipo auf Neuguinea, zeugen von der tiefen Erdverbundenheit dieser Menschen, die auch in ihren Körperbemalungen und in den Wundverbänden aus Erde zum Ausdruck kommt.

Eine ganz unmittelbare Form der Geophagie lässt sich gelegentlich bei kleinen Kindern beobachten: Aus Entdeckerdrang oder aus dem intuitiven Bedürfnis heraus, ihren Mineralstoffbedarf zu decken, schlucken sie etwas Erde.

Das Erdessen bei Naturvölkern

Bei vielen Naturvölkern hat sich die alte Gewohnheit, Erde zu essen, bis heute erhalten. Der Fachausdruck dafür ist Geophagie, vom griechischen »geo« für Erde und »phagion« für essen. Erde wird zu rituellen Anlässen verspeist, aber auch zu Heilzwecken und zur Gesundheitsvorsorge eingenommen. Geophagen essen aber nicht jede Art von Erde, sondern nur Erden von ganz bestimmter Farbe und Konsistenz sowie von speziellem Geschmack. Meist wissen sie von ihren Vorfahren um die Heilkraft dieser Erden.

Geophagie in der Schwangerschaft

Im afrikanischen Senegal werden auf Märkten noch heute kreidegleiche Erdstücke feilgeboten. Sie werden von Schwangeren gekauft und geknabbert. Auch auf Borneo essen Frauen Erde, um die Fruchtbarkeit zu fördern und Fehlgeburten zu verhindern. Darüber hinaus soll das

»Wer immer die Geschichte der Medizin und speziell der Pharmakologie verfolgt, muss zugeben, dass kaum ein anderes Heilmittel von den ersten Kulturanfängen bis vor 200 Jahren eine gleich wichtige Rolle im Heilschatz gespielt hat wie die Heilerde.« Der Arzt Julius Stumpf (1856–1932)

Erdessen die Entbindung erleichtern und helfen, kräftige Kinder mit gesunder Haut zur Welt zu bringen. Was auf den ersten Blick wie der Aberglaube von Eingeborenenstämmen aussehen mag, enthält doch ein Körnchen Wahrheit: Der Verzehr von Erde kann Mineralstoffmängel ausgleichen, was gerade für werdende Mütter und das noch ungeborene Leben von großer Bedeutung ist. Eisen ist beispielsweise für die Blutbildung notwendig, Kalzium für gesunde Knochen und Kalium für eine straffe Haut und eine kräftige Muskulatur. Diese und viele andere Mineralstoffe sind in den ausgewählten Erden enthalten. Darüber hinaus hilft das Erdessen erfahrungsgemäß bei Verdauungsstörungen und beugt Übelkeit und Erbrechen vor – was vor allem in den ersten Monaten der Schwangerschaft eine große Erleichterung ist.

Erde als Urmedizin

Seit Menschengedenken vertrauen Naturvölker auf die heilende Kraft von Erden, und für viele stellt Mutter Erde den mythologischen Urgrund ihrer Existenz dar, den Quell allen Lebens. Über Generationen gesammelte Erfahrungen mit dem Heilstoff Erde brachten eine stattliche Liste von Anwendungsmöglichkeiten hervor, deren sich viele

Heilkräftige Erden gehören zu den ältesten Arzneimitteln der Welt. Schlammbäder und das Einreiben mit feuchtem Lehm sind bei vielen Urvölkern noch heute ein probates Mittel, um sich vor Krankheit zu schützen.

Naturvölker bis heute bedienen. Erde, in Wasser gelöst und getrunken, gilt als bewährte Medizin bei Verstopfung, Durchfall, Cholera, Magenbeschwerden, Leberstörungen, Lebensmittelvergiftungen, Entzündungen und zur Stoffwechselanregung. Die Erde wird dabei sowohl zur Heilung als auch zur Vorbeugung genutzt.
Zur äußerlichen Anwendung wird die Erde mit Wasser oder Essig angerührt. Dieses Gemisch verwendet man für Umschläge bei blutenden und entzündeten Wunden, bei wunden Babypopos, bei Fieber und bei Herzschwäche. Auch Schlammbäder und das Einreiben mit Erde sind bei allen Naturvölkern als Hauttherapeutika bekannt.

In der Antike vermengte man die heilkräftigen Erden zur Therapie oft mit anderen Substanzen wie Zucker, Honig, Pflanzenauszügen, Gewürzen, zerstoßenen Beeren, Fruchtsäften, Wein, Essig, Zitrone, verschiedenen Ölen und angeblich sogar mit Ziegenblut.

Heilerde in frühen Kulturen

Greifbare Beweise für eine konsequente therapeutische Anwendung von heilenden Erden durch den Menschen gibt es seit etwa 4000 Jahren. Die Inder, Chinesen, Babylonier, Assyrer und Äypter wussten schon zu dieser Zeit von den Heilkräften der Erde und priesen sie als ein Geschenk der Götter. Es waren jeweils ganz bestimmte Erdarten, die zu Heilzwecken zum Einsatz kamen. Denn nicht jede Erde ist zugleich auch eine Heilerde.

Erste schriftlich bezeugte Anwendung in Ägypten

Die alten Ägypter rührten mit dem fetten Löss, der bei den alljährlichen Überschwemmungen des Nils ans Ufer gebracht wurde, heilkräftige Schlammbäder an. Sie nutzten den Nilschlamm als Mittel gegen rheumatische Beschwerden, Gliederschmerzen, Entzündungen und Schwellungen, aber auch zur Krankheitsvorbeugung und zur Tiefenreinigung. Man kann davon ausgehen, dass die antiseptische (keimtötende) Eigenschaft der Nilerde bereits damals bekannt war, denn ägyptische Ärzte behandelten damit auch Wunden und Entzündungen. Und nicht zuletzt kam der Schlamm bei der Balsamierung und Mumifizierung der Toten zum Einsatz, da er wirksam das zerstörerische Werk der Fäulnisbakterien unterband.

Verbreitung im antiken Griechenland

In der Antike soll die beste Heilerde auf der griechischen Insel Lemnos (Limnos) abgebaut worden sein. Sie war so begehrt, dass sie zeitweise teurer als Gold gehandelt wurde. Schon zu Zeiten des Dichters Homer (8. Jahrhundert v. Chr.) setzte man mit Wein angerührte lemnische Erde vor allem als Brechmittel bei Vergiftungen, bei giftigen Bissen und Stichen und als Mittel gegen die Pest ein.

Der griechische Arzt Empedokles (490–430 v. Chr.) kurierte Knochenbrüche und Vergiftungen mit Erde aus der Stadt Selinusia auf Sizilien.

Der Ärztevater Hippokrates (460–370 v. Chr.) verabreichte Frauen nach der Geburt zur inneren Reinigung schwarze samische Erde (von der Insel Samos). Er verwendete sie auch als Zusatz für Klistiere.

Herakleides von Tarent (1. Jahrhundert v. Chr.) empfahl dagegen bei Verletzungen, Vergiftungen und Verhärtungen der Brüste die so genannte Weinstockerde, eine asphaltartige Erde aus Syrien.

Der griechische Arzt Dioskurides, der um die Zeitenwende auf Sizilien praktizierte, rühmte die Heilerde vor allem als wirksames Mittel zur Behandlung von Geschwüren und frischen Wunden.

Hochkonjunktur im alten Rom

In der »Naturalis historia« listet der römische Gelehrte Plinius d. Ä. (23–79 n. Chr.) verschiedene Erdarten auf, die er nach ihrer Wirkungsweise, nach Farbe, Geschmack, Geruch und Konsistenz unterschied. Er verwendete sie innerlich bei Erkrankungen des Magens und des Darms und äußerlich bei Geschwüren.

Die wichtigsten Heilanzeigen für Erde und ihre nähere Untersuchung gehen auf Claudius Galenus (129–201 n. Chr.) zurück, den Leibarzt des Kaisers Marc Aurel und berühmtesten Naturforscher des Altertums. Er vermischte Erde mit Wein oder Wasser und verordnete sie bei Vergiftungen, frischen Wunden, Hämorrhoidalleiden, Geschwülsten, Wassersucht, Ruhr, Durchfällen, Ausflüssen, Hauterkrankungen und sogar gegen die Pest. Galenus sah in der austrocknenden Wirkung der Heilerden ihren größten gesundheitlichen Nutzen, ganz gleich, um welche spezifische Erde es sich handelte. Für verschiedene Krankheiten fand er aber darüber hinaus unterschiedliche Erden – leichte oder schwere, kühlende oder erwärmende, magere oder fette – besonders geeignet.

Mit Galenus erreichte die Erforschung und Anwendung von heilenden Erden ihren vorläufigen Höhepunkt. Bis zum Ende des Mittelalters kamen keine tiefgreifend neuen Erkenntnisse mehr hinzu.

Terra sigillata – Heilerde mit Qualitätssiegel

Weil Heilerden zu hohen Preisen verkauft wurden, kamen auch immer mehr Fälschungen in den Handel. Deshalb ging man in der Spätantike (um 500 n. Chr.) dazu über, sie zu Täfelchen oder münzgroßen Rundstücken zu pressen und diese Erdtabletten mit einem Echtheitssiegel zu versehen. So entstand die Bezeichnung »Siegelerde« oder »Terra sigillata«. Siegelerden waren bis in die Neuzeit gebräuchlich.

Im Johannesevangelium, Kapitel 9, Vers 6, ist verzeichnet, dass Jesus einen Blindgeborenen heilte, indem er ihm einen Brei aus Erde auf die Augen strich.

Die Wurzelerden der heiligen Hildegard

Auch die heilkundige Äbtissin Hildegard von Bingen (1098–1179) empfahl in ihren Schriften die Anwendung von Erden. Aus ihrem Werk »Causae et Curae« geht hervor, dass ihr vor allem die aus Frankreich stammende grüne Tonerde, die auch heute noch mit großem Erfolg therapeutisch eingesetzt wird, gute Dienste erwies.

Zu den wichtigsten Anwendungsgebieten von Heilerde gehören seit jeher Hauterkrankungen: Sie lässt Entzündungen sehr schnell abklingen. Selbst bei Schuppenflechte lindert Heilerde den Juckreiz und beruhigt die irritierte Haut.

Einen Spezialfall unter den Erdanwendungen stellen Hildegards Therapien mit Wurzelerden dar. Es handelt sich dabei um Erden, die im Wurzelbereich bestimmter Pflanzen zu finden sind und die aufgrund des Mineralstoffbedarfs der Pflanzen je nach Jahreszeit einen unterschiedlichen Charakter und Säuregehalt aufweisen. So riet Hildegard von Bingen beispielweise zu:

- Auflagen mit Apfelbaumerde, die in den kalten, wachstumsarmen Monaten ausgegraben werden sollte, bei Schulter-, Lenden- und Bauchschmerzen
- Heißen Bädern mit Lindenwurzelerde bei Gicht und Lähmungserscheinungen
- Erwärmten Verbänden mit Ahornwurzelerde, um Schwellungen auf der Nase wieder abklingen zu lassen

Von den Bewohnern des Dorfs Groß-Plusnitz bei Breslau ist überliefert, dass sie im Jahr 1633 die Pest überstanden, weil sie täglich Heilerde der Marke »Terra sigillata Magni Plusnicensis« einnahmen. Zur Geschmacksverbesserung vermischten sie die Erde mit Bier oder Branntwein.

Mit Erde gegen die Pest

Theophrastus Bombastus von Hohenheim, besser bekannt unter dem Namen »Paracelsus« (1493–1541), war einer der bedeutendsten Ärzte und Naturforscher des Mittelalters. Auch er stellte Arzneien auf der Basis von Heilerde her, mit denen er vor allem Pestkranke behandelte.

Die Pest ist eine Infektionskrankheit, die sehr häufig bei Nagetieren – insbesondere bei Ratten – vorkommt. Die krank machenden Bakterien (Yersinia pestis) werden bei mangelnder Hygiene durch Flöhe auf den Menschen übertragen. Bei den Betroffenen kommt es zu Lymphknotenschwellungen, die sich in eitrige Beulen verwandeln (Beulenpest). Die Erreger befallen auch die inneren Organe und verbreiten sich mit dem Blut rasch im gesamten Organismus. Die damit einhergehenden Vergiftungserscheinungen konnten durch die Gabe von Heilerde gelindert, wenn nicht vollständig beseitigt werden.

Obwohl die lemnische Erde noch im 16. und 17. Jahrhundert als besonders wirkungsvoll galt, begann man zu dieser Zeit in Nordeuropa, auch auf andere Erden aus Schlesien (Plusnitz), Sachsen, Westfalen, Hessen, Ungarn, Polen, Frankreich usw. auszuweichen. Die lemnische Erde war nur schwer erhältlich und reichte zur Behandlung der damals herrschenden Massenerkrankungen nicht aus.

Siegelerden im deutschsprachigen Raum

▶ Niederschlesien:	Striegauer Siegelerde Liegnitzer Siegelerde Goldberger Siegelerde
▶ Sachsen:	Beierfelder Siegelerde Steinmark-Erde Eisensteinmark von Planitz (Sächsische Wundererde)
▶ Franken:	Veldener Siegelerde
▶ Hessen:	Laubacher Siegelerde Cassellische Erde

Ein altes Naturheilmittel gerät ins Abseits

Bis weit ins 19. Jahrhundert hinein war Heilerde aus keiner Hausapotheke wegzudenken. Mit dem Fortschritt in Chemie und Pharmazie drängten jedoch synthetisch hergestellte Präparate auf den Markt, die preisgünstig und überaus wirksam waren. Die heilkräftigen Erden kamen zudem durch Scharlatane in Verruf, und die Ärzteschaft betrachtete ihren Einsatz zu medizinischen Zwecken zunehmend kritischer. Das Wissen über die einfachen Behandlungsmethoden mit Erden begann zu verblassen, und das alte Naturheilmittel geriet allmählich in Vergessenheit – wie andere Mittel aus der Volksmedizin auch.

Heilerde geriet in Misskredit, weil Unkundige sie praktisch als Allheilmittel anpriesen. Sie verordneten sie missbräuchlich gegen ernst zu nehmende Krankheiten wie Syphilis, Herzschwäche oder Epilepsie, gegen die Erde wahrlich nichts ausrichten kann.

Die Wiederentdeckung der Heilerde

Im ausgehenden 19. und beginnenden 20. Jahrhundert trugen vor allem drei Männer dazu bei, das alte Wissen um die Heilkraft der Erde wieder neu zu entdecken: die Pfarrer Sebastian Kneipp und Emanuel Felke sowie der Buchhändler Adolf Just. Sie waren allesamt Laientherapeuten, keine ausgebildeten Mediziner. Sie kannten aber die Wirksamkeit der Naturheilmittel Erde, Wasser und Luft aus eigener Erfahrung, ebenso wie die von Pflanzen und von einer natürlichen Lebensweise.

Zur Wirkungsweise von Heilerde schrieb Kneipp: »Der Lehm wirkt kühlend (bei Entzündungen), er saugt auf, und die Flüssigkeit unter der Haut wird verteilt und aufgelöst. Die Erfahrung lehrt, dass es zur raschen Ausleitung von Krankheitsstoffen kein besseres Mittel als den Lehm gibt, dessen ausziehende Kraft beginnt, wenn er anfängt zu trocknen.«

Denn Kneipp und Just hatten mit diesen Mitteln schwere Erkrankungen am eigenen Leib erfolgreich behandelt. Alle drei Männer waren Vertreter der so genannten Lebensreformbewegung, die eine wichtige Grundlage der modernen Naturmedizin darstellt.

Sebastian Kneipp

Pfarrer Sebastian Kneipp (1821–1897) hatte mit Hilfe von Kaltwassergüssen und Kaltwasserbädern in der eiskalten Donau eine Lungentuberkulose im fortgeschrittenen Stadium, unter der er jahrelang gelitten hatte, gänzlich ausgeheilt. Später erlangte er vor allem durch seine Wasserkuren und Heilkräuteranwendungen Popularität. Kneipp war aber auch der Meinung, »daß manche Körperschäden und vielerlei Übel durch kein anderes Mittel so schnell und mit solcher Leichtigkeit geheilt werden können als gerade durch den Lehm«.
Er wendete die Heilerde vor allem äußerlich an, oft in Verbindung mit Essig oder Kräuteraufgüssen, und zwar in Form von Lehmpflastern, Lehmumschlägen oder dem »Lehmhemd«, einem Rumpfwickel mit Heilerde. Er verordnete die Erdtherapien überall dort, wo kühlende, ausleitende Umschläge erforderlich waren, also bei Wunden, Unterschenkelgeschwüren, Venenentzündungen, Gelenkerkrankungen und Hautausschlägen, bei Rippenfell- und Halsentzündungen sowie bei Hornissen-, Bienen- oder Wespenstichen.

Adolf Just

Adolf Just (1859–1936) kam wie Sebastian Kneipp durch eigene Krankheit zur Naturheilkunde. Er litt von Kindesbeinen an unter einer zur damaligen Zeit unheilbaren Nervenkrankheit. Da sich ein Studium wegen seines Leidens verbot, erlernte er den Beruf eines Buchhändlers. Zusätzlich beschäftigte er sich eingehend mit Naturheilmethoden, insbesondere mit den Lehren von Sebastian Kneipp sowie Louis Kuhne, und besuchte medizinische Vorlesungen an der Universität. Er befolgte die kneippschen Ratschläge und die Gesundheitsregeln anderer Vertreter der Naturheilkunde und hatte damit zu guter Letzt Erfolg.

Rückkehr zur Natur

Auf diesen Erfahrungen aufbauend, entwickelte Just mit der Zeit eine eigene Therapie, in deren Mittelpunkt eine naturgemäße Lebensweise stand. Licht, Luft, Wasser und vor allem Erde sah er als die »wichtigsten Heilmittel der Natur« an. Er ließ sich in der Nähe von Braunschweig in einem Buchenwald eine primitive »Lufthütte« ohne Fenster und Türen errichten, in der er bei jeder Jahreszeit und Witterung auf der Erde schlief. Er badete im Freien, streifte barfuß durch die Wälder und ernährte sich spartanisch, aß Beeren, Früchte, Nüsse, Obst, rohes Gemüse, Salat und selbst gebackenes Brot. »Die Natur irrt nicht, sie hat immer recht«, lautete sein Wahlspruch. Und obwohl seine Lebensweise von vielen belächelt wurde, versammelte sich mit der Zeit eine Schar von Gleichgesinnten um ihn.

Just hatte schon bald so großen Zulauf, dass Jungborn-Zweigstellen in ganz Deutschland entstanden. 1896 erschien sein Buch »Kehrt zur Natur zurück!«, das in viele Sprachen übersetzt wurde. 1898 traf er mit Pastor Felke zusammen, einem Laientherapeuten, der Justs Schüler wurde und später weitere Jungborn-Kurkliniken nach seinem Vorbild errichtete.

Im »Jungborn« ganzheitlich gesunden

Um möglichst viele Menschen an seinen Erfahrungen teilhaben zu lassen, gründete Just 1896 in Eckertal im Harz eine Heilanstalt, die er »Jungborn, Luftkurort, Lehranstalt für naturgemäße Heil- und Lebensweise« nannte. Zur Therapie gehörten neben Luft- und Wasserbädern, Fasten bzw. vegetarischer Rohkost auch Lehm- bzw. Erdbäder. Darüber hinaus verwendete Just Lehmumschläge und -auflagen zur Behandlung zahlreicher Erkrankungen (Wunden und Abszesse, Geschwüre und Geschwülste, Entzündungen, Verbrennungen und Hautleiden). Der »Jungborn« wurde bald zur größten Naturheilanstalt Deutschlands, in der vielen Kranken Linderung verschafft werden konnte.

Hinwendung zur Forschung

Wie andere Laientherapeuten war auch Adolf Just wegen seiner erstaunlichen Erfolge Angriffen seitens der Schulmediziner ausgesetzt. Als man ihm wegen einer angeblichen Falschbehandlung den Prozess machte, sagte er vor Gericht in einem ergreifenden Schlusswort: »In zwanzig Jahren werden vielleicht an dieser Stelle Leute verurteilt, die

Die von Just entdeckte Lösserde ist noch heute unter dem Markennamen »Luvos-Heilerde« in Apotheken, Drogerien und Reformhäusern erhältlich. Der Begriff »Heilerde« ist mittlerweile zu einem Sammelbegriff für alle heilenden Erden geworden.

Wunden behandelt und keinen Lehm genommen haben.« Als er in diesem Prozess dennoch verurteilt wurde, zog er sich von seiner praktischen Tätigkeit in den Kurkliniken zurück und widmete sich einer anderen Aufgabe.
Er suchte, angeregt durch die Untersuchungen des Universitätsprofessors Dr. Julius Stumpf über den Einsatz von Erde zur Behandlung schwerer Durchfälle bei Cholera und Ruhr, nach einer Erde, die auch zur innerlichen Anwendung geeignet war. Bei der für äußerliche Anwendungen gebräuchlichen weißen Tonerde konnte es nämlich zur Klümpchenbildung im Magen-Darm-Trakt kommen.

Heilerde zur innerlichen Anwendung

Ganz in der Nähe seiner Kuranstalt, bei Derenburg im nördlichen Harzvorland, fand Just bald darauf größere Lössvorkommen, die seinen Anforderungen genügten. Er beschrieb diesen Löss als »den feinsten aus der Diluvialzeit abgelagerten Lehmschlamm«. Diese Erde eignete sich gut zur innerlichen Anwendung und zeichnete sich durch eine besonders intensive Wirkung aus. Just gab ihr den Namen »Heilerde«. Durch ein spezielles Verfahren gelang es, den naturreinen Löss (das Wort kommt aus dem Rheinländischen und heißt »lose«) auf Teilchengrößen von einem tausendstel Millimeter fein zu vermahlen und seine Sorptionseigenschaften dadurch noch zu steigern. Diese spezielle Erde verfügte auch über eine besondere chemische Zusammensetzung: Sie enthielt für den menschlichen Organismus verwertbare Mineralien wie z. B. Eisen, Magnesium, Kalium und Silizium. Damit begann ein neuer Abschnitt in der Geschichte der Heilerde.

Emanuel Felke

Emanuel Felke (1856–1926) war bereits im Elternhaus zu einem naturnahen Leben angehalten worden und hatte sich von früher Jugend an intensiv mit Heilpflanzen und Naturheilmethoden beschäftigt. Zur Lehmtherapie kam er nach eigenem Bekunden über eine Beobachtung, die er bei einem Tier machte.

Heilerden bestehen größtenteils aus Löss, einem mehlartigen, ungeschichteten Sediment. Der europäische Löss wurde in der Eiszeit aus den Gletscherrandgebieten ausgeweht und in den ständig eisfreien Zonen abgesetzt.

Felke wurde als Kind Zeuge, wie sich der Nachbarhund beim Kampf mit einem anderen Tier tiefe Wunden zuzog. Der schwer verletzte Hund schleppte sich darauf zu einer Lehmsuhle und wälzte sich ausgiebig darin. Als der Junge den Hund nach einigen Tagen wiedersah, stellte er mit Erstaunen fest, dass die tiefen Wunden spurlos verheilt waren. Als kurz darauf einer seiner Freunde sich am Kopf eine Platzwunde zuzog, erinnerte sich der junge Felke an diesen Vorfall und bedeckte die Wunde, nachdem er sie sorgfältig gereinigt hatte, mit einem Lehmbrei. Die Wunde verheilte in ein paar Tagen tadellos.
In der Folgezeit begann Felke mit Lehmanwendungen und -pflastern sowie mit Heilkräutern und Tees zu experimentieren, und schon bald gelang es ihm, kleinere Wunden und leichtere Krankheiten bei sich und anderen erfolgreich zu behandeln.

Vom Pastor ...

Als Erwachsener studierte Felke auf den Wunsch seines Vaters hin Theologie; zusätzlich belegte er jedoch einige Semester Medizin mit den Schwerpunkten Naturheilmethoden und Kräuterkunde. Dieses Wissen und seine eigenen Erfahrungen kamen ihm bald zugute.

Die von Felke eröffnete Naturheilanstalt in Sobernheim war dem gleichen Gedanken verpflichtet wie Adolf Justs Jungborn-Kurkliniken. Die Lehmanwendungen nahmen bei seinen Therapien einen so großen Raum ein, dass seine Schüler ihm den Namen »Lehmpastor« gaben.

Als der junger Pastor seine erste Stelle in Kronenberg bei Elberfeld antrat, konnte er sogleich seine naturheilkundlichen Kenntnisse unter Beweis stellen: Dort grassierte nämlich gerade die Diphtherie, und der einzige Arzt am Ort zählte tragischerweise mit zu den ersten Opfern der ansteckenden Krankheit. Felke wusste aus den Arbeiten Stumpfs, dass Heilerde bei Diphtherie helfen kann. Und obwohl er damit viele Menschenleben rettete, brachten ihm die Heilerdebehandlungen eine Beschwerde seitens missgünstiger Ärzte und eine Versetzung ein.

... zum Naturheiler

Aber Felkes mittlerweile gefestigter Ruf als begabter Naturheiler eilte ihm voraus. Man schrieb ihm die Fähigkeit zu, durch einen Blick in die Augen Krankheiten zu diagnostizieren. In seinem neuen Wirkungskreis Repelen bei Krefeld waren bald weniger die geistlichen als die medizinischen Ratschläge des Pastors gefragt. Bald war Felke von seiner naturheilkundlichen Tätigkeit so in Anspruch genommen, dass er sein Pfarramt niederlegte, um sich ganz seiner Heiltätigkeit zu widmen.

Felke galt zu seiner Zeit als therapeutische Naturbegabung. Verschiedene Kurkliniken und Sanatorien arbeiten noch heute erfolgreich nach der von ihm entwickelten Methode. Wichtigster Bestandteil der Felke-Kur ist das Lehmbad, das den Stoffwechsel aktiviert.

Die Felke-Kur

Felke war ein Schüler von Adolf Just. Im Mittelpunkt seiner Therapien standen Lehmumschläge und Lehmwickel, die bei Verletzungen der Haut, Schwellungen, Blutergüssen, Verrenkungen oder Knochenbrüchen angewendet wurden. Hinzu kamen die Heilfaktoren Wasser, Licht und Luft.

Zu einer Felke-Kur gehören heute noch Wanderungen auf dem Barfußpfad ebenso wie Wasseranwendungen, Vollwertkost, viel Bewegung und tägliche Lehmbäder:

- Der Lehm wird mit Wasser zu einem zähflüssigen Brei verrührt, in dem der Patient dann bis zu einer Stunde im Halbbad sitzt.
- Danach rubbelt man den Lehm im Freien mit den Händen ab, wodurch eine zusätzliche Massagewirkung erzielt wird.

Das Lehmbad hat eine positive Wirkung auf die Gefäße und bringt den gesamten Stoffwechsel in Schwung.

Felke-Kuren werden außer bei Herz-Kreislauf-Erkrankungen und Durchblutungsstörungen auch bei Problemen mit dem Verdauungstrakt, bei Hautkrankheiten, Gelenk- und Wirbelsäulenerkrankungen, Osteoporose, Arthrosen sowie Erschöpfungszuständen verordnet.

Die Medizin nimmt sich der Heilerde an

Auch der Schulmedizin blieben die Heilungserfolge der Lehmtherapeuten nicht lange verborgen. Eine Reihe von Ärzten widmete sich um die Jahrhundertwende der Erforschung der Heilerde und ihrer Wirkungsweise. Besonders der Würzburger Arzt Professor Dr. Julius Stumpf (1856–1932) befürwortete die therapeutische Verwendung von Heilerde und schuf dafür auch ein wissenschaftliches Fundament.

Austrocknende Wirkung des Lehms

Stumpf erzielte mit getrocknetem, pulverisiertem und bei 150 °C sterilisiertem Lehm (Bolus alba oder Kaolin, der damals in Apotheken erhältlich war) sehr gute Heilerfolge sowohl bei der Wundversorgung als auch bei der Therapie nässender und eiternder Geschwüre. Die Ursache hierfür sah er in der Eigenschaft des Lehms, Feuchtigkeit und bakterienhaltiges Wundsekret aufzusaugen (Sorption).

Unterschiedliche Sorptionsprozesse

- Sorbieren bedeutet aufsaugen oder binden. Beim Absorbieren dringen aufgenommene Substanzen ins Innere fester, besonders poröser Körper (z.B. der Heilerdepartikel) ein.
- Beim Adsorbieren werden Substanzen lediglich an der Oberfläche angelagert.
- Da sich beide Prozesse vielfach überschneiden und nicht immer exakt voneinander zu trennen sind, spricht man vereinfacht meist nur von sorbieren.
- Mit resorbieren ist im Bereich der Anatomie die Aufnahme von Stoffen in das Blut über die Darmwand gemeint.

Der Anlass zu Stumpfs Untersuchungen war die Ausgrabung einer Frauenleiche, die mehr als drei Jahre im Lehmboden geruht hatte und fast vollständig erhalten war. Da Verwesungsprozesse in erster Linie von Fäulnisbakterien verursacht werden, schloss Stumpf, dass der Lehm grundsätzlich antibakterielle Eigenschaften habe.

Um diese These zu erhärten, unternahm er einen einfachen Versuch: Er hüllte 30 Gramm frisches Rindfleisch in Lehm ein und überprüfte regelmäßig das Gewicht des Stücks. Nach einem Tag wog das Fleisch 23 Gramm , nach zehn Tagen nur noch zehn Gramm. Es war zu einem harten Gebilde zusammengeschrumpft. Die austrocknende Wirkung des Lehms war also augenfällig. Damit stand auch die antibakterielle Wirkung fest, da Bakterien mit dem Wasser (aus der Wunde) ausgeleitet werden und in dem zurückbleibenden trockenen Milieu nicht gedeihen können. Daran schloss sich die Überlegung an, die Erde auch innerlich anzuwenden: Der Sorptionseffekt musste auch bei Erkrankungen im Magen-Darm-Trakt helfen, da viele dieser Erkrankungen von Bakterien verursacht werden.

»Lassen Sie die Kerls Erde fressen!« lautete der Ratschlag des deutschen Leibarztes an den russischen Kaiser Nikolaus I., als im Krimkrieg (1853–1856) unter den Soldaten eine Choleraepidemie auszubrechen drohte. Die Methode führte offensichtlich zum Erfolg, denn während des Ersten Weltkriegs hat man im Feld häufig auftretende ruhrähnliche Durchfallerkrankungen erfolgreich mit weißer Tonerde behandelt.

Erfolge bei Cholera und Diphtherie

Stumpf ging dazu über, Patienten, die an asiatischer Cholera erkrankt waren, mit pulverisiertem Lehm zu behandeln. Alle Patienten, die frühzeitig Erde einnahmen, gesundeten. Auch die Behandlung von Diphtheriekranken zeitigte so große Erfolge, dass eine Freiburger Kinderklinik dazu überging, sämliche Diphtheriefälle mit weißer Tonerde zu kurieren.

Diphtherie wird durch Giftstoffe verursacht, die die Diphtheriebakterien ausscheiden. Sie äußert sich in weißen Belägen im Rachenraum und kann schlimmstenfalls zu Lähmungen, Schädigungen des Herzmuskels und der Organe führen. Die Einnahme der Erde bewirkte, dass der Mundgeruch und die Beläge auf den Mandeln in vielen Fällen verschwanden. In Wasser gelöste Heilerde macht die bakteriellen Ausscheidungen unschädlich und schwemmt die Bakterien selbst in den Magen, wo sie von der Magensäure vernichtet werden. Im Tierversuch konnte Stumpf darüber hinaus beweisen, dass weiße Tonerde sogar die Giftwirkung von Arsen weitgehend aufhebt.

Achtung Die erfolgreiche Anwendung von Heilerde bei Diphtherie, Cholera, Ruhr etc. sollte nicht dazu verleiten, bei solchen Erkrankungen auf eigene Faust eine Selbstbehandlung zu versuchen. In diesen Fällen ist unbedingt ein Arzt zurate zu ziehen.

Heilerde für jeden Haushalt

Besonders in Frankreich ist mineralhaltige Erde seit langem als Heil- und Hausmittel äußerst beliebt. Heilpraktiker pflegen damit Wunden und Geschwüre zu behandeln. Ältere Menschen tragen Heilerdebrei auf offene Beine, Hühneraugen oder bei Gelenkproblemen auf. Und jedes Kind weiß dort, dass man kleinere Verletzungen oder Brandwunden sofort mit einem Lehmumschlag kuriert, dass Erde gegen Pubertätspickel und sogar Furunkel hilft, und dass man bei Magenverstimmungen und Verdauungsproblemen erst einmal Heilerde einnimmt, bevor man zum Arzt geht.

Professor K. Graeser, ein Schüler Stumpfs, trat vehement dafür ein, Heilerde als Hausmittel populärer zu machen und viel häufiger als bisher gegen leichte Beschwerden einzusetzen. Und auch Mahatma Gandhi schrieb in seinem Wegweiser zur Gesundheit, dass »in jedem Haushalt genügend gut gesiebter, fein gepulverter Lehm vorhanden sein sollte«.

Naturheilmittel im Trend

Heute besinnen sich viele Menschen wieder auf altbewährte Naturheilmittel und Behandlungsverfahren. Zum einen hat sich herumgesprochen, dass synthetisch-pharmazeutische Produkte meist auch unerwünschte Nebenwirkungen haben. Zum anderen wird im Zuge der Gesundheitsreform die Eigenbeteiligung der Versicherten immer höher, so dass sich der Kauf eines preiswerten Naturheilmittels lohnt.

Die Arzneimittelzulassung

Ein Präparat, das sich in Deutschland Arzneimittel nennen und mit Aussagen über seine Heilwirkung werben darf, muss nach dem Arzneimittelgesetz geprüft und mit einer Arzneimittelzulassung versehen sein. Die braune Luvos-Heilerde hat diese Zulassung und darf als »traditionell angewendetes, mild wirkendes Arzneimittel« bei Sodbrennen, Verdauungsstörungen, Durchfall und anderen Beschwerden ausgewiesen werden. Zum Erhalt dieser Zulassung sind alle fünf Jahre mikrobiologische Untersuchungen nötig. Keine Arzneimittelzulassung haben dagegen die grünen Heilerden, die vor allem aus Frankreich stammen. Sie gelten als Nahrungsergänzungsmittel und dürfen von ihren Vertreibern nicht mit Aussagen über mögliche Heilwirkungen beworben werden, sind deswegen aber keinesfalls schlechter.

Neben Löss eignet sich auch Torf zu medizinischen Zwecken: Er wird für Moorbäder, Moorpackungen und antiseptisches Verbandsmaterial genutzt.

Jede Heilerde hat ihre besondere Eigenart, wie das beispielsweise auch bei Heilwässern der Fall ist. Es lohnt also durchaus, mehrere Heilerden auszuprobieren, um herauszufinden, welche einem den größten gesundheitlichen Nutzen verschafft.

Kleine Erd-Kunde

Je nachdem, wo man einen Spatenstich ansetzt, stößt man auf eine bestimmte, meist gebietstypische Bodenbeschaffenheit. Es gibt sandige Böden, die größtenteils aus verwittertem Gesteinsmaterial bestehen, fruchtbaren Humus aus verrottenden Pflanzenteilen oder lehmige Böden, die reichlich Gesteinsstaub enthalten, der sich im Erdreich zu einer festen Masse verbacken hat. Man unterscheidet zwischen kalkhaltigen und kalkarmen, fetten und mageren, mineralhaltigen und mineralstoffarmen Böden sowie allerlei Mischböden. Es bedurfte unzähliger Anläufe, um aus dem breit gestreuten Angebot von Erdarten diejenigen herauszufinden, die sich für Heilzwecke eigneten. Dazu zählen in den nördlichen Breiten Moorböden aus verschlammtem Torf oder Fango aus dem italienischen Battaglia, mit dem bereits die alten Römer gegen Schmerzen in den Schultern angingen. Doch solche fast ausschließlich äußerlich angewandten Erden zählen trotz ihrer heilkräftigen Eigenschaften nicht zu den klassischen Heilerden, da diese immer auch innerlich eingenommen werden.

Was Erde zur Heilerde macht

Heilerden bestehen aus Gesteinsstaub. Sie setzen sich aus winzigen Körnchen zusammen, die zum Teil nur einen tausendstel Millimeter groß sind. In der Fachsprache nennt man solche puderartigen Substanzen Kolloide. Das Wesen der Kolloide ist, dass ihre einzelnen Partikelchen zusammengenommen eine riesige Oberfläche besitzen.
Dazu ein Beispiel: Stellt man sich einen Würfel vor, der eine Kantenlänge von einem Zentimeter hat, so beträgt seine Oberfläche sechs Quadratzentimeter, was der Fläche von sechs kleinen Briefmarken entspricht. In diesen Würfel passen aber eine Billion kleine Würfel mit einer Kantenlänge von einem tausendstel Millimeter hinein, die zusammengerechnet eine Oberfläche von sechs Quadratmetern haben.

Danach würde in einem Teelöffel Heilerde (der in etwa einem Würfel mit einer Kantenlänge von einem Zentimeter entspricht) die Fläche eines Parkplatzes für einen VW Golf (sechs Quadratmeter) stecken. Doch dies ist nur ein rein rechnerischer Wert und noch viel zu niedrig gegriffen, da die Erdpartikelchen ja keine glatten Würfel, sondern stark zerklüftet sind. Sie haben unregelmäßige Ecken, Kanten und Nischen und weisen deshalb eine noch viel größere Oberfläche auf. Diese kann für einen gehäuften Teelöffel Heilerde leicht mit 100 Quadratmetern angegeben werden.

Wer etwas Heilerde zu sich nimmt, leitet also eine Substanz mit einer vergleichsweise großen Oberfläche durch seinen Verdauungstrakt. Das wirkt wie ein riesiges Netz, in dem sich allerlei Unerwünschtes verfangen kann.

Hohes Bindungsvermögen

Die zerklüftete und zum Teil sperrige Oberflächenstruktur der Erdpartikelchen ist mit dafür verantwortlich, dass sich in ihnen andere Teilchen leicht verfangen und hängen bleiben. Diese Eigenschaft und die große Oberfläche bringen es mit sich, dass Heilerde eine außerordentlich hohe Bindungskapazität (Sorptionsvermögen) für andere Stoffe wie Gifte oder Bakterienmaterial hat. Zudem wirken bestimmte Heilerdepartikel aufgrund ihrer kristallinen Struktur fast wie Schwämme, was ihre Sorptionskraft noch verstärkt. Grobsandige Erden, Humus oder andere normale Erden besitzen diese Fähigkeiten nicht oder nur in einem wesentlich geringeren Ausmaß.

Keimfrei und naturbelassen

Heilerden müssen absolut frei von Erregern und Schadstoffen sein, was bei normalen Erden wohl nur selten der Fall sein dürfte. Deswegen werden Heilerden in der Regel aus größeren Erdtiefen gefördert, wohin von Natur aus keine Verunreinigungen gelangen. Untersuchungen haben ergeben, dass Heilerden im Naturzustand praktisch keimfrei sind. Durch Erhitzen auf 130 °C in großen Röhrenöfen (Luvos-Heilerde) oder durch Pasteurisieren bei 80 bis 92 °C und intensives Trocknen, beispielsweise in der prallen Sonne der Provence (grüne Heilerde), wird eine mögliche Belastung mit Keimen gänzlich ausgeschlossen. Heilerden müssen von chemischen oder sonstigen Zusätzen frei sein.

Regionale Unterschiede

Schon früher wusste man, dass die verschiedenen Heilerden, die in Gebrauch waren, nicht alle die gleiche Heilkraft entfalteten bzw. bei bestimmten Beschwerden nicht gleichermaßen einsetzbar waren. Das ist aus heutiger Sicht, wo man die Heilerden genau auf ihre Inhaltsstoffe bis hin zu den Raumstrukturen ihrer Mikrobestandteile untersucht, auch nicht weiter verwunderlich. Je nach Region und Abbaugebiet gibt es Unterschiede in der Zusammensetzung und damit in der Wirkung dieser Naturprodukte. Apotheken, Drogerien, Reformhäuser und Naturkostläden führen normalerweise die braune Heilerde, die unter der Bezeichnung »Luvos-Heilerde« bekannt ist, und die grüne Heilerde, die auch grüne Mineralerde oder grüne Tonerde genannt wird. In Frankreich und der Schweiz ist sie seit langem sehr beliebt. Abgesehen von den unterschiedlichen Feinheitsgraden sind ihre Inhaltsstoffe und Wirkungsweisen sehr ähnlich.

Außer einigen grüngrauen Heilerden, die auf Gesteine vulkanischen Ursprungs zurückgehen und keinen Quarzsand enthalten, sind alle handelsüblichen Heilerden reiner Löss. Er setzt sich etwa zur Hälfte aus Quarzpartikeln zusammen, den Mikrobausteinen vieler Felsen und Gesteine.

Entstehung in der Eiszeit

Löss ist ein Relikt aus der letzten Eiszeit, die vor etwa einer Million Jahren begann und vor etwa 10 000 Jahren ihr vorläufiges Ende fand. Diese Epoche wird auch Diluvium genannt, woher der Name »Luvos« für die bekannteste unserer Heilerden stammt. Gewaltige Gletschermassen bedeckten damals weite Gebiete der nördlichen Erdhalbkugel. Unter dem Druck der Eismassen wurden Felsen und Steine regelrecht zerrieben. Als die Eisflächen abtauten, blieb das zerriebene Gesteinsmaterial zurück. Schmelzwasser und Wind taten ein Übriges: Sie ließen feinsten Gesteinsstaub entstehen und transportierten ihn zu seinen heutigen Lagerstätten. Was man dort heute findet, ist Löss, dessen Farbe von seiner Mineralienzusammensetzung abhängt und meist hellbraun, ockerfarben oder gelblich ist. Enthält der Löss reichlich Eisen- und Magnesiumoxide, hat er eine grüne Farbe. Löss wird entweder in loser Form vorgefunden oder ins Erdreich eingebettet als fest verbackene Masse. Im letzteren Fall muss für die Heilerdegewinnung eine mechanische Zerkleinerung erfolgen.

Im Norden von China wird noch heute Löss gebildet, der sich durch eine intensive ockergelbe Färbung auszeichnet. Der Jangtsekiang verdankt diesem Sediment seinen Beinamen »Gelber Fluss«.

Vorkommen

In Mitteleuropa weisen die Lössvorkommen eine Tiefe von 10 bis 30 Meter auf. Sie liegen in einem breiten Gürtel, der sich von der bretonischen Küste in Frankreich über Süd- und Mitteldeutschland bis nach Südrussland erstreckt. Im Norden Chinas gibt es Lössschichten (gelbe Erde), die 400 Meter dick sind und noch immer wachsen. Auch in Nordamerika existieren größere Lössvorkommen.
Die Luvos-Heilerde wird heute im Taunus aus etwa zehn Meter Tiefe gefördert. Die grüne Heilerde aus Frankreich wird an mehreren Orten abgebaut, beispielsweise im Pariser Becken oder in der Provence.

In so genannten Kolloidmühlen wird der Löss bis zu Feinheitsgraden von 0,001 Millimeter zermahlen. So erreicht der Löss, der hauptsächlich als »Feinsand« mit Körnchengrößen von 0,1 bis 0,01 Millimeter gestochen wird, größere Sorptionskräfte, was vor allem für innerliche Anwendungen von Bedeutung ist.

Chemische Zusammensetzung

Je nach Herkunft weist Löss eine unterschiedliche Zusammensetzung auf. Im Wesentlichen bestehen aber alle Lössarten aus Quarz (40 bis 70 Prozent), Tonerdesilikaten wie Glimmer, Feldspat oder Montmorillonit (10 bis 30 Prozent), Kalk (10 bis 30 Prozent) und einer Vielzahl weiterer Mineralien und Spurenelemente in geringeren Anteilen.

Kieselsäure ist nicht nur für die Gesteinsbildung unabdingbar. Die meisten lebenden Organismen benötigen diese Siliziumverbindung, um stützende Fasern und festes Gewebe aufzubauen. Ohne Kieselsäure wären viele Lebewesen wahrscheinlich nur amorphe Gebilde ohne Form und Halt.

Gesteinsbildende Kieselsäure

Nach Sauerstoff ist Silizium das in der Erdkruste am häufigsten vorkommende Element. Silizium (Si) findet sich in fast allen Steinen und Mineralien, entweder als Kieselsäure oder in Form von Kieselsäuresalzen, den Silikaten. Kieselsäure (Siliziumdioxid, SiO_2) ist die Verbindung eines Siliziumatoms mit zwei Sauerstoffatomen (O_2). Sie ist die häufigste anorganische Verbindung auf der Welt.

Aus Kieselsäure besteht beispielsweise Quarz, das härteste im Löss enthaltene Mineral. Auch die Salze der Kieselsäure wie $Si(OH)_4$, bei denen sich Wasserstoff-Sauerstoff-Verbindungen (OH) an die Siliziumatome angeheftet haben, sind gesteinsbildend. Feldspat, Glimmer oder Montmorillonit bestehen aus solchen Salzen, die sich noch mit weiteren Substanzen – vor allem mit Aluminium – verbunden haben.

Der Oberbegriff für Aluminiumsilikatverbindungen lautet Tonerdesilikate – so wie man andere Aluminiumverbindungen als Tonerde bezeichnet (z. B. essigsaure Tonerde zum Desinfizieren).

Quellfähiges Montmorillonit

Das Tonerdesilikat Montmorillonit (benannt nach der französischen Stadt Montmorillon) ist ein interessanter Bestandteil der Heilerden. Silikate bilden bestimmte kristalline Strukturen. Die Grundbausteine davon sind Tetraeder, bei denen ein Si_4-Kation von vier O_2-Anionen tetraedrisch umgeben ist. Das Montmorillonitgitter weist gegenüber anderen Silikaten eine Besonderheit auf: Eine Schicht bzw. ein Schichtpaket besteht aus einer Mittelschicht ($Al(OH)_3$), an die links und rechts zwei Tetraederschichten angelagert sind. Legen sich solche Schichtpakete übereinander, entsteht ein Kristallgitter, wobei zwischen den Schichtpaketen Platz für Einlagerungen ist. Dieser Speicherraum ist nicht von konstanter Größe.

Saugt sich das Montmorillonitgitter beispielsweise voll Wasser, erweist es sich als elastisch. Es weitet sich aus, und zwar bis zum doppelten Abstand zwischen den Schichtpaketen. Es kann außer Wasser auch Ionen, Moleküle anderer Substanzen oder biologische Mikrostoffe aufnehmen und dabei wie ein Schwamm aufquellen. Ein hoher Gehalt an Montmorillonit in der Heilerde garantiert somit eine enorm hohe Sorptionsfähigkeit. Diese Eigenschaft wird auch zu nicht medizinischen Zwecken genutzt, beispielsweise zur Klärung von Fruchtsäften. Dabei wird mit Bentonit, das überwiegend aus Montmorillonit besteht, alles Trübe aus der Flüssigkeit herausgefiltert.

Das Prinzip des Ionenaustauschs

Die Fähigkeit, Wasser, Gase und Mikrosubstanzen aufnehmen zu können, verdankt der Löss auch der folgenden Eigenschaft: Die Oberfläche vieler Tonerdepartikel wirkt auf andere Substanzen fast wie ein Magnet. Die Bindungskräfte, die ihre einzelnen kristallinen Schichten aufweisen, sind nicht alle gesättigt. Die Kalzium-, Kalium-, Natrium- oder Magnesiumionen, die sich an den Randbereichen der kristallinen Schichten befinden, können von anderen Ionen (elektrisch geladenen Atomen oder Molekülen) aus der Umgebung ersetzt werden. So können andere Substanzen an die Erdpartikel angeheftet bzw. adsorbiert werden. Dieser Vorgang wird Ionenaustausch genannt. Er ist in seinem Ausmaß von der Art der Ionen abhängig, die ursprünglich an den Kristallgittern angebunden waren. Es konnte beispielsweise gezeigt werden, dass Montmorillonit mit Kalziumionen kaum halb so viel Bindungskraft aufweist wie ein Montmorillonit, an das sich Natriumionen gebunden haben.

Während des Ionenaustauschs binden sich nur ganz bestimmte Ionen an die Tonerdeteilchen – man nennt dieses Phänomen selektiven Ionenaustausch. Wie die Erfahrung zeigt, werden bei dieser selektiven Auswahl in der Regel solche Stoffe von den Erdpartikeln adsorbiert, die im Körper unerwünscht sind.

Stabilisierender Kalk

Kalk ist eine umgangssprachliche Bezeichnung für verschiedene Kalziumverbindungen, die sich aus dem chemischen Element Kalzium (Ca) und anderen Substanzen zusammensetzen. Im Löss hat der Kalk eine verbindende Funktion: Er umkrustet die Quarz- und Tonerdesilikatpartikel und kann dem Löss, wenn er viel Kalk enthält, große Festigkeit verleihen. Hat starke Wassereinwirkung nahezu den gesamten Kalk aus dem Löss ausgeschwemmt, dann entsteht Lehm. Löss und Lehm unterscheiden sich also nur durch ihren Kalkgehalt.

Die Heilerdemineralien

Die meisten aller existierenden Mineralien stammen aus dem Inneren der Erde, aus dem gewaltigen Schmelztiegel 1200 °C heißer Magmamassen. Auf dem langen Weg zur Erdoberfläche erkaltet das glühende Gestein, die Mineralien erstarren mehr oder weniger schnell und bilden kristalline Strukturen aus.

Bei den Mineralstoffen handelt es sich um Substanzen, die im Organismus eine Reihe von unentbehrlichen Funktionen ausüben. Man unterscheidet zwischen sieben Massenelementen, die vom Körper in einer Menge von über 100 Milligramm pro Tag benötigt werden, und mehr als 15 Spurenelementen mit einem Bedarf von deutlich unter 100 Milligramm.

Grundbestandteil der menschlichen Ernährung

Insgesamt gibt es etwa 3000 verschiedene Mineralien. Davon sind ungefähr 50 für die menschliche Ernährung von Bedeutung. Sie werden Mineralstoffe oder – wenn sie nur in kleinsten Mengen, in Spuren, gebraucht werden – Spurenelemente genannt. Viele Mineralstoffe wie Kalzium (in Kalkspat) oder Silizium (in Quarz) finden sich nicht direkt unter den Mineralien aufgelistet, sondern treten in der Natur in Verbindung mit anderen Substanzen auf.

Mineralstoffe sind am Aufbau des menschlichen Körpers beteiligt und wirken am reibungslosen Ablauf der Körperfunktionen mit. Zu den wichtigsten, so genannten essenziellen Mineralstoffen zählen Kalzium, Kalium, Phosphor, Natrium, Schwefel, Chlor und Magnesium. Ohne regelmäßig ein Quäntchen davon aufzunehmen, könnten wir nicht existieren. Dies gilt auch für eine Reihe von Spurenelementen wie Eisen, Kupfer, Chrom, Zink oder Selen.

Welche Mineralstoffe resorbierbar sind

Wie genaue Inhaltsanalysen zeigen, sind fast alle essenziellen Mineralstoffe und Spurenelemente in Heilerden zu finden. Doch leider ist nicht ohne weiteres gewährleistet, dass der menschliche Organismus die mit der Heilerde eingenommenen Mineralstoffe auch aufnehmen bzw. resorbieren kann.

Die Mineralstoffe sind zum Teil so fest in die Kristallgitter der Erdpartikelchen eingebunden, dass sie sich nicht herauslösen lassen und nicht von den Darmzotten aufgesaugt werden können.

Inhaltsstoffe von Heilerden aus reinem Löss

Luvos-Heilerde

Kieselsäure	63,20%
Quarz	45,00%
Feldspat	20,00%
Kalkspat	10,50%
Glimmer	10,00%
Aluminiumoxid	9,40%
Montmorillonit	8,00%
Kalziumoxid	7,30%
Dolomit	3,50%
Eisenoxid	3,20%
Kaliumoxid	1,79%
Magnesiumoxid	1,00%
Natriumoxid	0,92%

Außerdem: Zink, Kupfer, Mangan, Molybdän, Kobalt, Chrom, Selen und Fluor

Grüne Mineralerde/ grüne Tonerde

Kieselsäure	47–52%
Aluminiumoxid	13–15%
Kalziumoxid	7–9%
Eisenoxid	4–6%
Kaliumoxid	3–5%
Magnesiumoxid	2–3%

Außerdem: wertvolle Spurenelemente wie Selen, Fluor, Zink, Molybdän, Kupfer, Lithium usw.

Bereits in den dreißiger Jahren untersuchten R. Kunze und M. Vogel, ob Säuren und Basen, die denen der Verdauungssäfte vergleichbar sind, die Erdpartikel zu zersetzen vermögen und damit verwertbare Mineralstoffe freilegen. Sie behandelten Luvos-Heilerde erst mit Salzsäure (HCl) mit dem Säuregehalt des Magensafts und dann mit einer Natriumbase (NaOH), die dasselbe alkalische Milieu wie der Darm aufwies. Die Mineralstoffe, die dadurch freigesetzt wurden, waren Kalzium, Kalium, Magnesium, Silizium, Eisen, Natrium und Aluminium. In weiter gehenden Untersuchungen erwiesen sich dann noch andere Mineralstoffe als löslich, allerdings in sehr geringen Mengen: Mangan, Chrom, Titan, Strontium, Vanadium, Kupfer und Phosphor.

Mit Ausnahme von Jod sind alle essenziellen Mineralstoffe in Heilerde enthalten. Sie werden jedoch erst nach der Zersetzung der Erdpartikel im Magen frei und damit verwertbar. Die Mineralien sind unterschiedlich fest in der Heilerde gebunden, weswegen manche Elemente in größeren Mengen freigesetzt werden als andere.

Hoher Gehalt an essenziellen Mineralstoffen

Obwohl Heilerden eine breite Palette an unterschiedlichen Mineralien enthalten, dürfen sie streng genommen nur als Quelle für die sieben oben genannten gelten. Nicht vergessen darf man dabei aber, dass sechs davon zu den Mineralien gehören, die für den Organismus besonders wichtig sind und die wir täglich brauchen. Vor diesem Hintergrund kann man Heilerden bedenkenlos als ergiebige Mineralstofflieferanten bezeichnen. Zu klären bleibt allerdings noch die Frage nach dem siebten löslichen Stoff, dem Aluminium, das nicht zu den erwünschten Mineralstoffen in der menschlichen Ernährung zählt.

Bevor man dem Organismus zusätzliche Mineralien zuführt, sollte man seine Ess- und Lebensgewohnheiten überprüfen. Durch Alkohol, Koffein, Nikotin, viele Süßigkeiten und viel Fleisch kann der Körper an der Mineralienaufnahme gehindert werden.

Schadet das Aluminium in der Heilerde?

Aluminium gehört zwar nicht zu den giftigen Elementen, ist aber in höheren Dosen gesundheitsschädlich. Somit ist die Frage nach der Aluminiummenge, die man mit Heilerde aufnimmt, durchaus angebracht. Aluminium erwies sich gegenüber den meisten löslichen Mineralstoffen der Luvos-Heilerde als besonders schwer löslich. 59 Prozent des Kalziums, 6 Prozent des Kaliums, 2,8 Prozent des Magnesiums, aber nur 0,05 Prozent des Aluminiums werden von den Verdauungssäften aus ihren jeweiligen Verbindungen freigesetzt. Das heißt: Obwohl ein Gramm Luvos-Heilerde 60 Milligramm Aluminium enthält, können davon nur etwa 0,8 Milligramm ins Blut gelangen, wenn man viermal täglich einen Teelöffel dieser Heilerde einnimmt (insgesamt 26 Gramm). Bei einer durchschnittlichen Aluminiumaufnahme von etwa 50 Milligramm pro Tag mit der normalen Kost ist das eine relativ unerhebliche Dosis.

Analyse von Luvos-Heilerde »ultra«

1 g Heilerde enthält

Natrium	5,300 mg	Phosphor	0,800 mg
Mangan	0,600 mg	Kupfer	0,016 mg
Magnesium	11,000 mg	Kalium	17,800 mg
Vanadium	0,080 mg	Zink	0,058 mg
Aluminium	60,400 mg	Kalzium	57,900 mg
Chrom	0,090 mg	Molybdän	0,001 mg
Silizium	325,700 mg	Titan	5,000 mg
Kobalt	0,015 mg	Strontium	0,170 mg
Eisen	46,300 mg	Fluor	1,400 mg
Nickel	0,033 mg	Selen	0,002 mg

Wirkung der Heilerdemineralien

Kalzium – Baustein für das Knochengerüst

Unser Organismus enthält über 1000 Gramm Kalzium. 99 Prozent davon stecken in den Knochen und Zähnen. Kalzium sorgt für schöne Haut, gesunde Haare und feste Nägel; es erfüllt auch wichtige Aufgaben in den Haut-, Nerven- und Muskelzellen und wirkt auf Stoffwechselvorgänge und die Blutgerinnung ein. Liefert die tägliche Nahrung zu wenig Kalzium, holt es sich der Körper aus der Knochenmasse. Bei Erwachsenen führt dies zu Osteoporose, bei Kindern zu Rachitis. Kalziummangel äußert sich auch in Muskelkrämpfen, Zahnverfall und verstärkter Neigung zu Knochenbrüchen.

Der Kalziumgehalt von Heilerden wird meist als Oxid angegeben (CaO). Das gilt auch für die übrigen Mineralien. Ein Getränk aus Apfelessig und Wasser vor den Mahlzeiten kann die Resorption von Kalzium – und auch von Eisen – erleichtern.

Kalium – das Muskelmineral

Die Kaliummenge im Körper eines Erwachsenen beträgt etwa 200 bis 300 Gramm. Es befindet sich vor allem im Inneren der Körperzellen und spielt eine wichtige Rolle bei der Regelung des Wasserhaushalts, aber auch bei der Steuerung des Säure-Basen-Gleichgewichts. Kalium stärkt Muskeln und Nerven und beeinflusst die Herztätigkeit. Kaliummangel entsteht bei starken Durchfällen oder Erbrechen, durch Abführmittel, Wasser treibende Medikamente oder durch einseitige Diäten. Auch wer stark schwitzt, verliert Kalium. Ein Mangel äußert sich in nervösen Störungen, in Muskelschwäche, erschlaffender Darmperistaltik und Funktionsstörungen des Herzes.

Magnesium – wichtig für den Stoffwechsel

Die etwa 30 Gramm Magnesium im Körper eines Erwachsenen verteilen sich auf fast alle Körperzellen und haben sehr vielfältige Aufgaben. Magnesium ist am Aufbau von Knochen, Zähnen und Sehnen beteiligt, es stärkt die Nerven und spielt eine Rolle bei der Immunabwehr. Außerdem ist es bedeutsam für die Blutgerinnung, weshalb man es zur Vorbeugung von Thrombosen und Herzinfarkt einsetzt. Magnesiummangel entsteht u.a. durch Resorptionsstörungen im Darm, wie sie infolge von schlechter Verdauung oder Alkoholmissbrauch entstehen. Die Symptome sind Schwindel, Unruhe, Bewusstseinstrübungen, Herz-Kreislauf-Störungen und schmerzhafte Muskelkrämpfe.

Bei einer ausreichenden Versorgung mit Silizium kann so manche teure Kosmetikbehandlung überflüssig werden: Das Schönheitselement sorgt für straffe Haut, feste Fingernägel und gesundes, glänzendes Haar.

Silizium – Fitmacher für das Bindegewebe

Wie viel Silizium im menschlichen Körper steckt, ist nicht genau bekannt. Das Spurenelement Silizium bzw. die Siliziumverbindung Kieselsäure ist wesentlicher Bestandteil des Bindegewebes und der Knorpelgewebe der Gelenke. Kinder und Heranwachsende benötigen daher besonders viel davon, ebenso Erwachsene, die Wert auf festes Gewebe legen und eine frühe Hautalterung verhindern wollen. Silizium stärkt die Haarwurzeln sowie die Finger- und Fußnägel. Es ist unentbehrlich für die Gesundheit der Knochen und Zähne. Es macht die Wände der Blutgefäße elastisch und beugt Arterienverkalkung vor. Außerdem hilft es dabei, das Gehirn von schädlichen Schwermetallen zu entgiften, und es spielt eine Rolle bei der körpereigenen Abwehr. Siliziummangel zieht Hauterkrankungen, die Schwächung von Bindegewebe und Gefäßwänden, Zahnfleischschwund und Haarausfall nach sich.

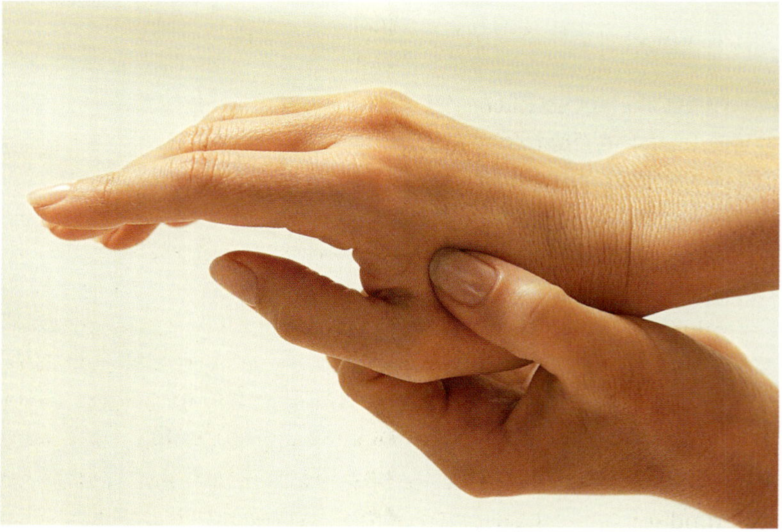

Den Mangel an Biostoffen kann man an den Fingernägeln ablesen: Wenn Eisen fehlt, wachsen die Nägel oft ganz flach oder extrem gewölbt; wenn sie schnell splittern, fehlt Kalzium, Kieselsäure oder Magnesium.

Eisen unterstützt die Sauerstoffversorgung

Im Körper eines Erwachsenen befinden sich etwa fünf Gramm Eisen, ein Großteil davon im roten Blutfarbstoff (Hämoglobin). Das Spurenelement ermöglicht den Transport von Sauerstoff im Blut und die Sauerstoffabgabe an alle Zellen und Organe. Eisen spielt auch bei der Immunabwehr und verschiedenen Entgiftungsvorgängen eine Rolle. Eisenmangel entsteht durch fehlerhafte Ernährung, starke Blutverluste oder Resorptionsstörungen im Magen-Darm-Bereich und äußert sich in Blässe, Müdigkeit und Appetitlosigkeit.

Natrium reguliert den Wasserhaushalt

Etwa 100 Gramm Natrium sind im Organismus eines Erwachsenen zu finden. In der Natur kommt Natrium nur in Verbindungen, meist als Natriumchlorid (Kochsalz) vor. Natrium benötigen wir zum Ausgleich des Wasserhaushalts auf der Zellebene. Es regelt im Zusammenspiel mit Kalium die Wassermenge innerhalb der Zellen und ist an der Regulierung des Säure-Basen-Haushalts beteiligt. Störungen zeigen sich z. B. in mangelnden Entgiftungsreaktionen des Organismus.

Der natürliche Natriumanteil in unseren Nahrungsmitteln ist bereits sehr hoch, auch ohne dass wir eigens zum Salzstreuer greifen. Natriummangel kommt bei unserer Ernährungsweise also praktisch nicht vor.

Unterversorgt im Überfluss

Inwieweit der menschliche Organismus aufgenommene Substanzen verwertet, ist in einer Zeit, in der sich jeder mit Vitaminen, Enzymen und Mineralien gut versorgt fühlt, eine wichtige Frage. Im Fall einer Darmträgheit oder einer anderen Verdauungsstörung wird ein Großteil der aufgenommenen Vitalstoffe wieder ausgeschieden. Doch auch die Ernährungsweise und die Zusammenstellung der Lebensmittel beeinflussen die Verwertbarkeit von Mineralstoffen, Vitaminen etc. So kann z. B. reichlich Oxalsäure, die in Spinat, Rhabarber oder Weizenkleie enthalten ist, Kalzium im Verdauungstrakt verklumpen lassen. Kalzium wird bei gleichzeitigem Verzehr dieser Produkte teils unverdaut wieder ausgeschieden. Selbst wer viel Kalzium aufnimmt, kann aufgrund solcher Mechanismen mit Kalzium unterversorgt sein.

Heilerde ist nicht nur eine Wohltat für die Haut. Sie hilft auch bei Mineralstoffmangel und bei Problemen mit der Verdauung.

Die Wirkungsweise von Heilerde

Es gibt kaum ein Naturheilmittel, dessen gesundheitlicher Nutzen so umfangreich dokumentiert ist wie der von Heilerde. Wenn manche schwärmen, Heilerde sei »das Beste, was es gibt«, dann ist das wohl zu enthusiastisch formuliert. Doch Studien belegen, dass schon ein Teelöffel Heilerde pro Tag viel für die Gesundheit zu leisten vermag – und kurmäßig angewendet kann Heilerde bei dem einen oder anderen sogar eine Art Rundumerneuerung in Gang setzen.

Schutz vor Übersäuerung

Heilerde kann fast jedem Menschen dienlich sein, nicht nur solchen Personen, die bereits unter bestimmten Beschwerden leiden. Dies hat in erster Linie mit dem positiven Einfluss der Heilerde auf das gesamte Verdauungssystem zu tun – dem Sitz allen Übels, wie schon die Ärzte der Antike wussten. Daneben spielt aber auch eine bessere Versorgung mit Mineralstoffen eine Rolle.

Ein gestörtes Säure-Basen-Gleichgewicht ist die Ursache für die unterschiedlichsten Beschwerden. Heilerde hat die Fähigkeit, überschüssige Säuren zu binden, und trägt so zu einer sanften Regulierung des Säure-Basen-Haushalts bei.

Heilerde als Antazidum

Dass man saurem Aufstoßen, Sodbrennen und gastritischen Beschwerden mit Heilerdegaben beikommen kann, ist inzwischen wissenschaftlich erwiesen. Lösserde gilt arzneimittelrechtlich als wirksames Antazidum, also als ein Mittel zur Bindung von Magensäure.

Ein Überschuss an Salzsäure im Magensaft ist die häufigste Ursache für solche Beschwerden. Man hat gemessen, dass 0,5 Gramm Heilerde 37 Milliliter Salzsäure in magensaftähnlicher Konzentration binden können. Dies beruht sowohl auf Neutralisationseffekten als auch auf dem Ionenaustausch zwischen Salzsäure und Tonerdesilikaten.

Untersuchungen haben gezeigt, dass ultrafeine Heilerde eine viel größere Säurebindungskapazität hat als gröbere Erde, und dass mehrere kleinere Dosierungen gegen Säure mehr nützen als dieselbe Menge in Form von ein, zwei größeren Dosierungen pro Tag.

Interessant ist in diesem Zusammenhang auch, dass Heilerde von Natur aus bei der Temperatur, wie sie im Magen vorherrscht, eine größere Säurebindungskapazität hat als bei anderen Temperaturen. Sie ist sozusagen für den Menschen wie gemacht.

Mit Heilerde kann man also Probleme mit überschüssiger Magensäure (Hyperaziditätsbeschwerden) gut gewappnet angehen. Sie erzielt eine hervorragende gastroprotektive Wirkung, d. h., sie vermag die Magenwände vor Säureschäden zu bewahren.

Hilfreich auch bei zu wenig Magensäure

Auch für Personen, die unter Sodbrennen leiden, das nicht auf einen Überschuss an Magensäure zurückzuführen ist, erwies sich Heilerde als hilfreich. Bei solchen Patienten scheinen die Schmerzen in der unteren Speiseröhre gerade von zu wenig Magensäure herzurühren, was fehlgeleitete Gärungsprozesse auslöst, die dann zu einem Übertritt von Magensaft in die Speiseröhre führen. Wie die Heilerde im Detail bei solchen Patienten wirkt, ist noch nicht hinreichend untersucht.

Achtung Sodbrennen und Magenschmerzen bedürfen, wenn sie über längere Zeit andauern, der Diagnose durch einen Arzt.

Bindung überschüssiger Gallensäuren

Die Säurebindungskapazität von Heilerde kann auch bei überschüssigen Gallensäuren genutzt werden. Gallensäuren sind Bestandteil der Gallenflüssigkeit, von der täglich 0,7 bis 1,2 Liter in der Leber gebildet werden. Über die Gallenblase gelangen die Gallensäuren in den Dünndarm, um Nahrungsfette zu emulgieren, d. h. in kleinste Tröpfchen zu zerlegen. Erst dann können sich Lipasen (fettspaltende Enzyme) ihrer annehmen. Die Gallensäuren ziehen auch Wasser und Elektrolyte in den Dünndarm, um den Nahrungsbrei flüssig zu halten. Im unteren

Bei einer kürzlich durchgeführten Studie schnitt die Luvos-Heilerde im Vergleich mit anderen handelsüblichen Antazida auf der Basis von Kalziumkarbonat, Aluminiumhydroxid oder anderen Substanzen sehr gut ab. Um eine bestimmte Menge an Salzsäure zu neutralisieren, benötigte man von der Heilerde am wenigsten.

Läuft Gallenflüssigkeit in die falsche Richtung und gelangt damit in den Magen, können Reflux- bzw. Rückflussschäden an der Magenschleimhaut entstehen. Möglicherweise sind solche fehlgeleiteten Gallensäuren auch an der Entstehung von Krebs beteiligt, sowohl im Magen als auch im Dickdarm.

Abschnitt des Dünndarms (Ileum terminalis) werden die Gallensäuren absorbiert. Im Dickdarm verliert der Nahrungsbrei daher zunehmend an Flüssigkeit. Gelangt allerdings zu viel Gallensäure mit in den Dickdarm, funktioniert das Eindicken nicht. Durchfall (chologene Diarrhö) ist die Folge.

Hilfe bei Durchfall und Magenproblemen

Gegen überschüssige oder fehlgeleitete Gallensäuren, die Durchfall oder Magenprobleme hervorrufen, lässt sich mit Heilerde etwas tun. Heilerde bindet wirksam Gallensäuren. Um dies festzustellen, wurden verschiedene Gallensäuren (Tauroursodesoxycholsäure, Glykoursodesoxycholsäure etc.), die auf körpereigene pH-Werte eingestellt waren, mit Luvos-Heilerde »ultra« versetzt. Von den untersuchten Säuren wurden bei 0,5 Gramm Heilerde im Mittel 8,9 Prozent aufgesogen, bei 1,0 Gramm 27,4 Prozent und bei 2,0 Gramm 42,2 Prozent. Mit steigender Dosis stieg also auch die Wirkung. Im Vergleich zu anderen Präparaten zeigte die Heilerde gerade auch Erfolge gegenüber Gallensäuren, die auf das saure Milieu des Magens bei Gallensäurenrückfluss (pH = 3,0) eingestellt waren.

Heilerde in ernsten Fällen

- Auch bei schweren, tumorbedingten Durchfällen konnte Heilerde gute Ergebnisse erzielen. Einer Beobachtung der Radioonkologischen Klinik des Krankenhauses Nordwest in Frankfurt/Main zufolge erreichten über 70 Prozent dieser Patienten mit drei Heilerdegaben pro Tag eine Besserung binnen vier bis acht Tagen.
- Wissenschaftlichen Auswertungen zufolge konnte mit Heilerde auch gegen massive Durchfälle von Morbus-Crohn-Patienten oder nach Darmoperationen vorgegangen werden.
- In einer Studie mit 94 Patienten, die mit Dünndarmentzündungen (Enteritis) und daher mit schweren Durchfällen zu kämpfen hatten, ergab sich für die Heilerdebehandlung in fast 70 Prozent der Fälle ein gutes und in 14 Prozent der Fälle ein sehr gutes Ergebnis.

Senkung des Cholesterinspiegels

Die meisten Wissenschaftler sind der Auffassung, dass zu hohe Cholesterinwerte schädlich sind und für Arteriosklerose, Herzinfarkt und Schlaganfall mitverantwortlich sein können. Weniger bekannt ist, dass sich mit Heilerde zu hohe Cholesterinwerte günstig beeinflussen lassen. Da Heilerde Gallenflüssigkeit bindet und der Ausscheidung zuführt, hat die Einnahme von Heilerde einen cholesterinsenkenden Effekt. Denn in der Gallenflüssigkeit ist neben Gallensäuren auch reichlich Cholesterin enthalten. Außerdem werden die Gallensäuren in der Leber aus Cholesterin gebildet. Mit der Bindung überschüssiger Gallenflüssigkeit an die Heilerde wird der Cholesteringehalt im Organismus insgesamt geringer. Daneben bindet Heilerde Speisefette und Cholesterinpartikel aus der Nahrung direkt ab und verhindert so, dass sie vom Körper resorbiert werden können.

Erhöhte Blutfettwerte gehen meist auf falsche Ernährung zurück. Man sollte dem Körper daher genügend Biostoffe zuführen, die den Cholesterinspiegel auf natürliche Weise senken. Heilerde bindet Cholesterin und trägt auf diese Weise zu einer Regulierung des Fettstoffwechsels bei.

Hohe Blutfettwerte wirksam bekämpfen

Es stehen zwar noch keine Reihenuntersuchungsergebnisse über den Einfluss von Heilerde auf den Cholesterinspiegel zur Verfügung. Die Fähigkeit der Erdpartikel, Cholesterin unter physiologischen Bedingungen binden zu können, wurde aber wissenschaftlich belegt. Man versetzte Cholesterin aus Hühnereiern mit Lösungen, die in etwa dem Milieu des Magens (pH = 3,5) bzw. des Darms (pH = 6,5) entsprachen. Unter den Bedingungen des Magens adsorbierte ein Gramm Heilerde 82 Milligramm und unter denen des Darms 62 Milligramm Cholesterin. Das sind relativ hohe Werte. Schon ein Teelöffel Heilerde kann an die 400 Milligramm Cholesterin abbinden.

Heilerde statt Antifettpille

Übergewichtige haben eine neue Hoffnung: Ein neues Schlankheitsmittel, das seit September 1998 zum Verkauf zugelassen ist, soll dafür sorgen, dass nur zwei Drittel des gerade verzehrten Fetts verdaut werden. Der Hauptdickmacher Fett verlässt dann ungenutzt wieder den

Körper und lagert sich selbstredend nicht in unerwünschten Speckpolstern ab. Trotz gleichbleibender Ernährung könnte man mit diesem Mittel also abnehmen. Lässt man mögliche Nebenwirkungen einmal außer Acht, ist es für viele sicherlich ein Traum, genauso viel zu essen wie bisher und trotzdem dünner zu werden. Der Sinn und Unsinn solcher Präparate soll an dieser Stelle nicht diskutiert werden – gerade auch im Hinblick auf Menschen, deren Übergewicht gesundheitsbedrohende Ausmaße angenommen hat und die auf jede Hilfe angewiesen sind. Eines fällt jedoch ins Auge: Im Prinzip wirken diese Präparate genauso wie die Heilerde. Auch Heilerde hindert einen Teil des aufgenommenen Speisefetts daran, von den Darmwänden aufgesogen zu werden. Messungen ergaben, dass 100 Gramm Heilerde 20 bis 75 Gramm Fett abbinden können. Bei zwei gehäuften Teelöffeln Heilerde pro Tag könnten somit schon an die zehn Gramm Fett zusammenkommen, die einem an den Problemzonen erspart bleiben. Und während einer Entschlackungskur oder Diät mit Heilerde ließen sich diese Werte sicherlich noch steigern.

Nicht vergessen darf man aber, dass ein wenig Fett (bis zu 60 Gramm pro Tag) lebensnotwendig ist und dass vor allem pflanzliche Fette Substanzen enthalten, die unverzichtbar für ein reibungsloses Funktionieren des Organismus sind.

Schon im 17. Jahrhundert soll Heilerde aus Spanien den höfischen Damen zu einer schlanken Taille verholfen haben. Es empfiehlt sich aber nicht, Heilerde als regelrechtes Schlankheitsmittel zu verwenden und zu viel davon zu sich zu nehmen: Eine Unterversorgung des Organismus mit wichtigen Fettbestandteilen wäre die Folge.

Ursachen für eine Übersäuerung

Von Übersäuerung spricht man, wenn das Blut und andere Körperflüssigkeiten mit Säuren überfrachtet sind und ihre fein abgestimmte Säure-Basen-Balance aus dem Gleichgewicht gerät. Eine Übersäuerung der Körperflüssigkeiten geht meist mit einer Übersäuerung des Gewebes einher und wird für eine Vielzahl von Erkrankungen verantwortlich gemacht. Zu den Folgen einer Übersäuerung gehören Gelenk- und Bandscheibenbeschwerden, Bindegewebsschwäche, Bronchitis, depressive Verstimmungen, Durchblutungsstörungen, Gastritis, Gicht, Herzrhythmusstörungen, Hexenschuss, Konzentrationsschwächen, Kopfschmerzen, ständige Müdigkeit, Osteoporose, rheumatische Erkrankungen, Schlafstörungen u. a. m.

Gesundes Essen sollte immer zu 80 Prozent aus basischen oder neutralen Lebensmitteln bestehen. Wer häufig außer Haus isst, kann die saure Stoffwechsellage mit Basenpräparaten aus der Apotheke ausgleichen.

Übermäßiger Verzehr von säuernden Lebensmitteln

Die Ursachen für eine Übersäuerung sind vielfältiger Natur. Sie kann z. B. auf Funktionsstörungen von Leber, Bauchspeicheldrüse, Nieren oder Darm zurückgehen. Auch mangelnde Bewegung begünstigt die Ansammlung von Säuren im Organismus. In den meisten Fällen sind jedoch falsche Ernährungsgewohnheiten der Grund für eine Übersäuerung. Industriezucker und Süßigkeiten, ausgemahlene Weißmehle, zu große Mengen an Eiweiß, Kaffee und Alkohol gelten als die wichtigsten Säurebilder. Aber auch der übermäßige Verzehr von Basen bildenden Lebensmitteln wie Vollkornprodukten, Obst und Gemüse trägt zu einer Übersäuerung bei.

Grundsätzlich gilt, dass ein Zuviel an Essen, auch an basenreichen Speisen, fast immer säuernd wirkt. So kann übermäßiger Obstverzehr zu Gärungsprozessen im Darm führen. Dabei entstehen unerwünschte Säuren, die die eigentlich basische Wirkung von Obst zunichte machen.

Stellt Übersäuerung wirklich ein Risiko dar?

Viele Ernährungswissenschaftler und Mediziner stehen der Theorie von der Gefahr einer Übersäuerung skeptisch gegenüber. Ausscheidungsorgane und Puffermechanismen im Organismus sorgen ihrer Meinung nach stets für das nötige Säure-Basen-Gleichgewicht, von seltenen Krankheitsfällen (Azidosen, Alkalosen) einmal abgesehen.

Medizinalrat Dr. E. Rauch von der Mayr-Kurklinik am Wörthersee empfiehlt wie viele andere Fastenärzte und Heilpraktiker, bei Übersäuerungsproblemen regelmäßig Basenpulver einzunehmen. Dadurch werden überschüssige Säuren im Organismus neutralisiert.

Trotzdem gibt es anerkannte Heilbehandlungen, bei denen neben anderen Maßnahmen auch strikt auf den Säure-Basen-Gehalt der Speisen geachtet wird – was immer wieder beträchtliche Erfolge zeitigt.

Heilerde als Basenspender

Wenn man sich die Zusammensetzung eines Basenpulvers einmal genauer ansieht, dann fällt auf, dass es reichlich Kalzium, Kalium, Magnesium und andere vorwiegend metallische Mineralstoffe enthält. Solche Mineralstoffe gehen im Organismus Verbindungen ein, die Säureüberschüssen entgegenwirken.

Da Heilerde einen hohen Gehalt an Kalzium, Kalium, Magnesium und Eisen hat, kann man mit regelmäßigen Heilerdegaben ebenfalls einer Übersäuerung gegensteuern. Zudem geht man davon aus, dass Heilerde Säuren und Gifte bindet, die bei Gärungs- und Fäulnisprozessen im Darm entstehen, und die meist zu einem Säureanstieg im Organismus beitragen. Heilerde sorgt ganz allgemein für gesündere Darmverhältnisse und damit auch für ein gesünderes Darmmilieu, das eher leicht basisch als sauer sein sollte.

Der Stand der Forschung

Über den Einfluss von Heilerde auf die Verwertung von Nahrungsbestandteilen, die den Säureanstieg im Organismus begünstigen, ist im Einzelnen noch wenig bekannt. In die Eiweißverwertung greift Heilerde nach bisherigen Erkenntnissen kaum ein. Der beim Abbau von Eiweiß (Aminosäuren) in der Leber anfallende Harnstoff, der bei übermäßigem Verzehr von Eiweiß das Blut ansäuert, wird von Heilerdegaben kaum beeinflusst.

Über den als Säurebilder bekannten raffinierten Industriezucker lässt sich im Zusammenhang mit Heilerde ebenfalls wenig aussagen. Da man bei kohlenhydratreicher Ernährung bis zu 800 Gramm Zucker täglich konsumiert (Industrie-, Trauben-, Milch-, Fruchtzucker), ist eine Sorption durch Heilerde von höchstens fünf Prozent (Fruchtzucker nur ein Prozent) mengenmäßig unerheblich.

Stärkung der körpereigenen Abwehr

Unser Immunsystem hat die Aufgabe, in den Körper eingedrungene Krankheitserreger wie Viren, Bakterien, Pilze oder Gifte möglichst schnell unschädlich zu machen. Das Immunsystem schützt vor Infektionskrankheiten wie Erkältungen oder Grippe. Die wichtigste Waffe des Immunsystems sind verschiedene Arten von weißen Blutkörperchen, die unterschiedliche Aufgaben übernehmen: Die T-Lymphozyten erkennen Erreger und schlagen dann Alarm. Die Makrophagen (Riesenfresszellen) zerstören die unerwünschten Eindringlinge. Solche Abwehrkörperchen müssen ständig neu gebildet werden, wozu u. a. Kieselsäure, Eisen, Mangan und Kupfer nötig sind, also Heilerdemineralien. Insofern lässt sich mit Heilerde positiv auf die Funktionsfähigkeit des Immunsystems einwirken.

Gesunde Darmverhältnisse, zu denen Heilerde erwiesenermaßen viel beitragen kann, sind mit der Stärke des übrigen Immunsystems eng verknüpft. Indem sie schädliche Substanzen bindet, trägt Heilerde zur Entlastung der körpereigenen Abwehr bei.

Der Darm – ein wichtiger Teil des Immunsystems

Der Hauptnutzen von Heilerde für das Immunsystem ist aber in einem anderen Bereich zu finden: Der Darm wird ebenfalls zum Immunsystem gerechnet und bildet mit seinen sechs bis acht Meter Länge sogar dessen größten Teil. Über die Darmwände werden nicht nur Nährstoffe aufgenommen – die Darmwände stellen auch die wichtigste Schutzbarriere gegenüber schädlichen Nahrungsbestandteilen dar. In den gut durchbluteten Darmwänden lauert ein Millionenheer von Abwehrzellen ständig auf Eindringlinge. Was aber die Heilerde an Bakterienmaterial, schädlichen Substanzen und Giften direkt ausschwemmt, kann das Immunsystem nicht belasten. Die Abwehrkräfte haben dann sozusagen noch Kapazitäten frei.

Was dennoch über die Darmzotten ins Blut gelangt, wird sofort von den Lymphozyten auf seine Schädlichkeit hin überprüft und, wenn nötig, neutralisiert. Dabei spielt nach neueren Erkenntnissen auch der pH-Wert des Bluts eine Rolle. Nur wenn er optimal ist, können die Blutkörperchen des Abwehrsystems auch reibungslos funktionieren. Der günstige Einfluss der Heilerde auf das Säure-Basen-Gleichgewicht zahlt sich somit auch für das Immunsystem aus.

Darmträgheit – ein Volksleiden

Einer der ersten Mediziner, der den Einfluss einer gestörten Verdauung auf den übrigen Organismus wissenschaftlich untersuchte, war F. X. Mayr (1874–1965). Er pflegte den Verdauungsapparat mit den Wurzeln eines Baumes zu vergleichen. So wie die Wurzeln Nährstoffe aus dem Erdreich beziehen, gewinnen auch die Darmzotten Nährstoffe aus der aufgenommenen Nahrung. Und wie ein Baum welk und schwach wird, wenn der Boden versumpft, mit Fäulnisgasen durchsetzt oder gar vergiftet ist, so wird auch ein Mensch krank, wenn sich im Darm fehlgeleitete Zersetzungsprozesse vollziehen.

Schätzungen zufolge soll mindestens die Hälfte der Bevölkerung unter Darmträgheit leiden. Dieser hohe Prozentsatz beruht nicht zuletzt auf der Tatsache, dass viele Menschen gar nicht wahrnehmen, dass es mit ihrer Verdauungsgesundheit nicht zum Besten steht.

Der überforderte Darm

Ursache solcher Fehlleistungen ist häufig ein überforderter Darm. Durch zu hastiges, zu häufiges und zu fettreiches Essen, aber auch durch den übermäßigen Konsum von Kaffee und Alkohol, werden die Darmwände zu sehr in Anspruch genommen. Auch ein Mangel an Ballaststoffen (Vollkornprodukte, Gemüse) in der Ernährung trägt dazu bei. Die Darmwände werden mit der Zeit träge, und die Darmmuskulatur erschlafft. Dadurch wird der Nahrungstransport verlangsamt, zwischen den Darmzotten bilden sich hartnäckige Ablagerungen. Fäulnisbakterien und andere unerwünschte Mikrobewohner der Darmflora vermehren sich zunehmend. Es kommt zur Dysbakterie, einer Überbesiedelung des Darms mit schädlichen Kleinstlebewesen.

Gefahr der Selbstvergiftung

Dabei entstehen Fäulnisgase, Gärungsgifte, schädliche Eiweißabbauprodukte und andere toxische Substanzen, die bei einer gewissen Konzentration ins Blut gelangen und den gesamten Organismus belasten. Hinzu kommt, dass Abfälle aus dem Zellstoffwechsel, die zum Teil über die Darmzotten der Ausscheidung zugeführt werden sollten, im Blut und in den Körpersäften zurückbleiben. Die Darmzotten sind infolge einer Darmträgheit regelrecht verklebt, wenn nicht entzündet, und

Mögliche Folgen einer Selbstvergiftung

- Herz-Kreislauf-Beschwerden
- Hautveränderungen: blasse, fahle Haut; braune Flecken; Verunreinigungen; Pickel, Mitesser oder Furunkel; Druckstellen, Faltenbildung; trockene, rissige Haut
- Allergien, Augentrockenheit
- Kopfschmerzen, Migräne
- Nieren- , Blasen- und Gallenblasenbeschwerden
- Rheumatische Beschwerden
- Verdauungsbeschwerden unterschiedlichster Art
- Verklebte Augen, Gerstenkörner, Bindehautentzündung
- Depressive Verstimmungen, Antriebsschwäche
- Konzentrationsstörungen, Vergesslichkeit, Gereiztheit, Übellaunigkeit
- Erhöhte Infektanfälligkeit

können damit ihren Aufgaben nicht mehr richtig nachkommen. Die Folge kann eine Selbstvergiftung aus dem Darm heraus sein. Alle Organe, das Immunsystem, die Durchblutung – kurz: der gesamte Mensch – können davon in Mitleidenschaft gezogen werden. Besonders das Gehirn und die Nerven, so betonte schon F. X. Mayr in seinen Ausführungen, sprechen auf solche Vergiftungserscheinungen stark an.

Die Wurzel des Übels

Das Anfangsstadium einer Darmträgheit wird meist nicht bemerkt, und die ersten Symptome – Bauchdrücken, Blähungen, Völlegefühle, gelegentlich Verstopfungen oder Durchfälle – werden selten ernst genommen. Doch bereits in diesem Stadium ist die Giftstoffbilanz des Organismus nicht mehr ausgeglichen, und die Selbstvergiftung nimmt ihren schleichenden Anfang. Die Umweltgifte, die wir heutzutage mit der Nahrung aufnehmen und die ebenfalls in Leber und Darm verarbeitet werden müssen, tun ein Übriges. Hält eine Darmträgheit länger an, kann es neben der zunehmenden Giftstoffbelastung im Organismus zu einer Reihe sehr ernster Beschwerden kommen: Entzündungen, Geschwüre und Divertikel (Ausstülpungen) der Darmwände und ein langsames Absinken des Darms innerhalb von Bauchhöhle und

Für viele Verdauungsgifte, etwa für Indole, Skatole, Putreszin oder Kadaverin, konnte M. Vogel den wissenschaftlichen Nachweis erbringen, dass Heilerde sie wirksam adsorbiert und damit für den Organismus unschädlich macht.

Darmträgheit und Verstopfung sind fast immer auf Ernährungsfehler zurückzuführen: Hauptverursacher sind helle Teigwaren, polierter Reis, Süßspeisen bzw. alle ballaststoffarmen Lebensmittel.

Becken (Ptose). Letzteres bewirkt – vor allem im Zusammenspiel mit einem dicken Bauch – eine massive Haltungsänderung, die u. a. die Wirbelsäule beeinträchtigt, die Atmung verflachen lässt und ständigen Druck auf die Blase ausübt.

Heilerde übt – wie andere Ballaststoffe auch – eine sanft massierende Wirkung auf die Darmwände aus. Dadurch wird ein überforderter Darm auf wohltuende Weise angeregt, aber nicht gereizt.

Heilerde zur Darmsanierung

Was man aus Erfahrung seit jeher weiß – dass nämlich Heilerde gerade bei Darmproblemen hilft, die auf Darmträgheit zurückzuführen sind –, kann heute auch wissenschaftlich begründet werden.

- Die mikroskopisch kleinen Heilerdepartikel sind das ideale Mittel zur Reinigung der Darmzotten, die ebenfalls nur unter dem Mikroskop zu sehen sind. Durch Heilerdegaben können auch die winzigen Zottenzwischenräume von Ablagerungen befreit werden. Für eine Darmsanierung ist das von erheblicher Bedeutung.
- Heilerde liefert Kalium und Kalzium, Mineralstoffe, die für die Muskelfunktionen unentbehrlich sind. Davon profitiert auch eine träge gewordene Darmmuskulatur.
- Heilerde bindet Nahrungsfett (20 bis 75 Gramm je 100 Gramm Erde). Und weniger Fett entlastet nicht nur den Darm.

▶ Luft, Gase und Gerüche werden von Heilerde wirksam gebunden. In einer Versuchsanordnung hat man das Luftsorptionsvermögen von Heilerde nachgewiesen. Damit leistet Heilerde gute Dienste bei Blähungen und Stuhlgerüchen, typischen Folgen einer Darmträgheit, sofern keine blähenden Lebensmittel verzehrt wurden.

▶ Ähnlich wie bei äußerlichen Wunden hilft Heilerde auch bei innerlichen Wunden, etwa bei entzündlichen Prozessen an den Darm- und Magenwänden. Mineralstoffe, Kieselsäure und Aluminiumsilikate fördern die Heilung. Entzündungsfördernde Bakterien und Entzündungssekrete werden mit der Heilerde ausgeschwemmt.

▶ Heilerde bindet die im Darm entstehenden Giftstoffe.

Bindung von Darmgiften

Die Fähigkeit von Heilerde, Giftstoffe der unterschiedlichsten Art binden zu können, ist in vielerlei Versuchen bestätigt worden. M. Vogel wies beispielsweise nach, dass Löss Strychnin, Nikotin und Atropin adsorbiert. Für die Darmgesundheit und damit für die Gesundheit des gesamten Organismus ist von besonderer Bedeutung, dass Heilerde vor allem diejenigen Gifte bindet und der Ausscheidung zuführt, die in einem durch falsche Ernährungsgewohnheiten träge gewordenen Darm entstehen. Diese Substanzen sind für schleichende Vergiftungserscheinungen im Organismus verantwortlich. Die Liste von toxischen Stoffen, die sich in einem ungesunden Darmmilieu vermehrt finden, ist lang: Phenole, Skatole, Indole, Kresole, Formaldehyd, Methanol, n-Propanol, Putreszin und Kadaverin.

Das Grundproblem, das vor allem eine Wohlstandserscheinung ist, nämlich die ständige Überforderung des Darms durch Überfluss, wird ohne eine konsequente Verhaltensänderung nicht aus der Welt geschafft.

Das A und O – eine ausgewogene Ernährung

Heilerde kann zwar die Symptome und Folgeerscheinungen einer Darmträgheit bekämpfen. Was Heilerde jedoch nicht kann, ist die Ursache des Übels angehen. Wer sich konsequent falsch ernährt, zuviel Fett und Zucker isst, zu wenig Ballaststoffe und Obst und Gemüse aufnimmt und vielleicht auch dem Alkohol übermäßig zuspricht, wird mit Heilerde nur auf kurze Sicht Erfolg haben.

Äußerliche Anwendung von Heilerde

Bäder mit Heilerde sind ein Klassiker unter den äußerlichen Anwendungen. Sie wirken reinigend, entschlackend und allgemein regenerierend.

Erde ist ein äußerst vielseitiges Naturheilmittel: Äußerlich lässt sie sich kalt und warm, trocken und feucht anwenden. Häufig empfiehlt es sich, äußerliche Anwendungen mit der Einnahme von Heilerde zu kombinieren.

Thermisches Verhalten

Bei äußerlichen Erdanwendungen muss man wissen, ob sich eine Erde eher für Kalt- oder Warmanwendungen eignet. Dabei ist man heute nicht mehr allein auf die Erfahrung, das subjektive Empfinden, angewiesen. Vielmehr liegen eine Reihe von Studien vor, die die Wärmequalitäten der Erden physikalisch exakt ausweisen.

- Lösserden kühlen im Vergleich zu anderen Erden am schnellsten ab. Bei einer speziellen Versuchsanordnung verringert sich ihre Temperatur in sieben Minuten und sechs Sekunden um 1 °C. Bei Kaolin oder Bolus alba, einer weißlichen Heilerde aus Tongestein, dauert dies zehneinhalb Minuten, bei Moorpackungen bis zu 30 Minuten. Lösserde ist also besonders gut für kühlende Verbände und Umschläge geeignet, weniger für wärmende.
- Feuchte Lössverbände oder Auflagen kühlen stärker als trockene, weil die spezifische Wärme von Wasser größer ist als die von Löss. Außerdem lässt die Feuchtigkeit an der Oberfläche der Erdauflage Verdunstungskälte entstehen.

Wasserdurchlässigkeit von Heilerden

Behandelt man Wunden, Geschwüre, Furunkel und andere Hautprobleme äußerlich mit Heilerde, ist von Bedeutung, wie wasserdurchlässig die Erde ist. Die aufgetragene Erde soll sich mit Wundsekreten, Eiter, Talg, Schweiß, Bakterien u. Ä. vollsaugen, um den Heilungsprozess zu unterstützen. Dazu müssen solche Flüssigkeiten innerhalb der Erdauflage nach oben steigen bzw. die unteren Schichten der Erdauflage passieren können. Grobkörniger Sand ist wesentlich durchlässiger als Lehm oder Ton. Deshalb sollte für äußerliche Heilerdeanwendungen eher grobkörnige als ultrafeine Heilerde verwendet werden. Sogar mit Seesand, der noch viel gröber ist als die handelsüblichen Heilerden, erzielte man bei der Wundbehandlung schon gute Erfolge.

Unterschiedliche Saugkraft

Heilerden verfügen auch über eine messbare Saugkraft, die dafür sorgt, dass Talgpartikel, Hautabsonderungen oder Wundsekrete regelrecht in die Erdauflage hineingezogen werden. Die Saugkraft wird vom kapillaren Steigungsvermögen des Wassers in der Heilerde erzeugt. Das Wort »kapillar« für »haarfein« deutet darauf hin, dass feinkörnige Erden Flüssigkeiten stärker ansaugen als grobkörnige, weil das Aufsteigevermögen des Wassers in der Erde umso größer ist, je kleiner die feinsten Hohlräume in den Erdpartikeln sind. Unter diesem Gesichtspunkt müsste man für äußerliche Anwendungen mit aufsaugender Wirkung eigentlich eine ultrafeine Heilerde benutzen. Doch es ist noch etwas anderes zu berücksichtigen: Die Saugkraft einer Erdauflage kommt nicht zum Tragen, wenn die Erde, wie feine Tonerden es tun, zu wenig Wasser durchlässt. Ton unterscheidet sich von Lehm u. a. dadurch, dass er noch feinkörniger ist. Die Saugkraft und die Wasserdurchlässigkeit müssen also im richtigen Verhältnis zueinander stehen.

Wegen der größeren Wasserdurchlässigkeit empfiehlt sich für austrocknende Erdauflagen keine ultrafeine Heilerde bzw. Tonerde, sondern beispielsweise »Heilerde für äußerliche Anwendung« mit Teilchengrößen von bis zu einem Drittel Millimeter.

Feuchte Erde erhöht den Saugdruck

Von entscheidender Bedeutung für die Saugfähigkeit einer Erde ist weiterhin, ob sie trocken oder feucht aufgetragen wird. Die kapillare Saugkraft feuchter Heilerde, die langsam im Austrocknen begriffen ist, ist um ein Vielfaches höher als die trockener Erde, weshalb für die äußerliche Anwendung hauptsächlich feuchte Erde gebraucht wird. Eine feuchte Heilerdepackung trocknet von außen nach innen. Das erzeugt einen Saugdruck, der Flüssigkeiten von innen nach außen transportiert. Wundsekrete und andere Substanzen, die innen mit der Erdauflage in Berührung kommen, werden in die Auflage hinein und dann nach außen bis an ihren Rand befördert.

Die Wirkung kühlender Erdauflagen

In der Regel weisen Heilerdepackungen auf dem Etikett aus, ob die Erde für innerliche oder äußerliche Anwendungen gedacht ist. Erden für äußerliche Anwendungen sind nicht so feinkörnig wie Erden zum Einnehmen. Sie sind in preisgünstigen Großpackungen bis hin zu 50-Kilogramm-Säcken erhältlich.

Wenn man Heilerde auf die Haut aufträgt, sollte man sie vorher befeuchten. Feuchtanwendungen sind heilkräftiger als Trockenanwendungen. Nur bei nässenden Wunden und in einigen anderen Fällen sind Trockenanwendungen (siehe Seite 58) vorzuziehen.

Für Feuchtanwendungen verrührt man Heilerde mit etwas Flüssigkeit (Wasser, Essigwasser, Kräuterabsud von Kamille, Salbei etc.) zu einem Brei und streicht diesen direkt auf die betroffene Hautstelle. Darüber legt man einen Wickel (auch Umschlag genannt). Für warme Heilerdepackungen wird der feuchte Erdbrei vorher im Wasserbad erhitzt. Zu den Feuchtanwendungen zählen außerdem Heilerdebäder, Heilerdekugeln oder das Gurgeln mit Heilerde.

Nach Professor Bernd Olesch von der Heilerde-Gesellschaft steht gerade bei der äußerlichen Behandlung mit Heilerde die Förderung der Durchblutung, die krampflösende, stoffwechselsteigernde und schmerzlindernde Wirkung im Vordergrund.

Heilende Tiefenwärme

Dass kühlende Umschläge mit feuchter Heilerde bei rheumatischen Beschwerden und Gelenkerkrankungen sehr wohltuend sein können, lässt sich durch Tiefenwärme erklären, die die Erdauflagen erzeugen. Wenn der kühlende Erdbrei aufgetragen wird, verengen sich die Blutgefäße zunächst einmal; der Stoffwechsel in dem betroffenen Gebiet verlangsamt sich, und entzündungsbedingte Schmerzen können nachlassen. Anschließend strömt in das nunmehr unterversorgte Areal jedoch zusätzliches Blut, um dem Kältereiz entgegenzuwirken. Eine Erwärmung ist nun die Folge.

Wegen der Erdauflage kann die Wärme jedoch nicht entweichen – die Folge ist ein Wärmestau. Die Haut wird stärker durchblutet, was sich beispielsweise durch Rötungen bemerkbar machen kann. Die Wärme dringt auch in die Muskeln und Gelenke ein und entfaltet dort eine heilende Tiefenwirkung. Man spricht in diesem Zusammenhang auch von Heilwärme. Sie kurbelt den Stoffwechsel an, wodurch das Gewebe besser mit Sauerstoff und Nährstoffen versorgt wird und der Abtransport von giftigen Substanzen rascher vonstatten geht. Bei feuchtkalten Wickeln wird die Eigenwärme des Körpers stärker angeregt als bei feuchtwarmen Wickeln.

Bereitstellung wundheilender Mineralien

Bei der äußerlichen Anwendung von Heilerde werden auch lebenswichtige Mineralstoffe und Spurenelemente über die Haut aufgenommen. Die Wiederherstellung von zerstörtem Gewebe, wie z. B. bei Wunden, Geschwüren oder Verbrennungen, wird dadurch gefördert.

Äußerliche und innerliche Anwendung kombinieren

Es hat sich erwiesen, dass die äußerliche Anwendung von Heilerde in Form von Auflagen, Bädern oder Pflastern wirksam unterstützt wird, wenn Heilerde gleichzeitig innerlich eingenommen wird. Die äußerliche Ausleitung krank machender Stoffe über die Haut potenziert sich durch die innerliche Entgiftung über den Magen-Darm-Trakt.

Die äußerliche Anwendung von Heilerde hat sich besonders bei der Behandlung schmerzender und entzündlicher Muskeln und Gelenke, bei Entzündungen des Magen- und Darmtrakts und der ableitenden Harnwege sowie bei entzündeten Venen und Lymphgefäßen bewährt.

Es gibt viele Möglichkeiten, Heilerde anzuwenden: innerlich und äußerlich, warm und kalt, feucht und trocken. Experimentieren Sie ruhig mit den verschiedenen Rezepturen, und finden Sie selbst heraus, was Ihnen gut tut.

Als Indikationen für einen Heilerdewickel gab Adolf Just an: »Überall dahin, wo sich Unbehagen, Schmerz, Geschwulst, Entzündung, Vergiftung, Verbrennung, Ausscheidung, Hitze, Schwellung, Zahnschmerz, Zerrung, Veränderung, Beschwerden usw. zeigen, gehört in Zukunft der Umschlag oder der Verband von dieser heilenden Erde.«

Feuchte Anwendungen mit Heilerde

Auflage, Umschlag oder Wickel

In der Fachsprache wird exakt zwischen Heilerdeauflage und Heilerdewickel unterschieden.
Bei einer Auflage (Kompresse) wird die Heilerde nur auf bestimmte Hautstellen aufgetragen; ein Wickel umschließt die zu behandelnden Körperpartien oder Gliedmaßen rundherum (= Rundumbehandlung). Darüber legt man in beiden Fällen das Wickel- und das Trockentuch. Für den Hausgebrauch genügt es vollkommen, nur vom Heilerdewickel bzw. Heilerdeumschlag zu sprechen.

Das legt man sich bereit

- 1 Wickeltuch, d. h. ein Tuch aus Baumwolle oder Leinen; im Notfall genügt auch ein sauberes Taschentuch
- 1 größeres Leinen- oder Baumwolltuch (Trockentuch)
- Sicherheitsnadeln oder Verbandklemmen
- 1 Wolldecke
- Heilerde zur äußerlichen Anwendung
- Kaltes Leitungswasser, erkalteter Kräuterabsud (Tee) von Kamille, Salbei, Zinnkraut, Haferstroh etc. oder Essigwasser (bestehend aus 1 Teil Essig und 3 Teilen Wasser)
- 1 Holzspatel zum Umrühren
- 1 Gefäß aus Keramik, Porzellan, Glas oder Plastik zum Mischen von Heilerde und Flüssigkeit

Das sollte man beachten

- Der Raum, in dem der kalte Wickel angewendet wird, sollte gut geheizt sein (mindestens 20 °C).
- Großflächige äußerliche Heilerdeanwendungen sollte man nicht unmittelbar nach einer Mahlzeit ausführen.
- Verwendet man kalten Kräutertee zum Anrühren des Heilerdebreis, so gibt man 4 Esslöffel Kräuter, Wurzeln, Beeren etc. auf 1 Liter Wasser. 1/2 Stunde bei geringer Hitze kochen lassen, dann abseihen.

▶ Die Heilerde nach jeder Behandlung wegwerfen, auf keinen Fall nochmals verwenden. Die Reste von Heilerdeumschlägen aber nicht in den Gartenkompost oder die Blumenerde geben, sondern im Restmüll entsorgen. Die gebrauchte Erde ist mit toxischen Substanzen und Krankheitserregern belastet.

Tipp Erschrecken Sie nicht, wenn die Heilerde Spuren auf den Tüchern hinterlassen hat – diese Flecken lassen sich leicht auswaschen. Im Handel erhältlich ist übrigens auch eine gebrauchsfertige Heilerdepaste unter Zusatz ätherischer Öle, die nicht erst angerührt werden muss, sondern direkt aufgetragen werden kann.

Anwendung

▶ Das Wickeltuch in Wasser tauchen und auswringen.

▶ So viel Heilerde wie nötig mit Wasser, Kräutertee (z. B. Kamille) oder Essigwasser (bestehend aus 1 Teil Essig und 3 Teilen Wasser) zu einem geschmeidigen Brei verrühren und in der entsprechenden Dicke auf die betroffene Hautstelle auftragen.

▶ Für die Dicke des Heilerdebreis gilt: Je größer die zu behandelnde Körperpartie, desto dünner sollte die aufgetragene Schicht sein. Bei wunden Stellen und kleineren Flächen wird der Brei fingerdick aufgetragen, bei größeren Flächen, auf Unterarmen oder Oberschenkeln sollte die Schicht bleistiftdick sein, bei Wickeln, die ganze Gliedmaßen oder Körperteile umhüllen, nur noch messerrückendick.

▶ Über den Heilerdebrei straff das angefeuchtete Tuch wickeln.

▶ Darüber legt man das Trockentuch, das mit Sicherheitsnadeln oder Verbandklemmen zusammengehalten wird. Man sollte unbedingt darauf achten, dass das Trockentuch gut abschließt, damit möglichst wenig Wärme entweichen kann.

▶ Dann deckt man sich mit einer Decke gut zu und ruht am besten so lange, bis der Heilerdebrei getrocknet ist.

▶ Den Erdverband im Durchschnitt 1 bis 2 Stunden einwirken lassen, so lange, bis die Erde zu bröckeln beginnt. Ist die aufgelegte Masse noch stellenweise feucht, so deutet das auf Durchblutungsstörungen an dieser Stelle hin. Bei der nächsten Behandlung sollte man dort den Lehmbrei dünner auftragen.

Damit ein Wickel seine ganze Wirkung entfalten kann, muss er dem zu behandelnden Körperteil eng anliegen. Wenn der Hautkontakt fehlt, bilden sich Lufträume zwischen Heilerde und Haut. Das behindert die Entstehung der heilenden Tiefenwärme und sorgt für ein unangenehmes Kältegefühl.

▶ Wenn sich während der Behandlung ein unangenehmes Kältegefühl einstellt, kann die ansonsten von selbst erfolgende Erwärmung der behandelten Körperstelle durch eine Wärmflasche oder Höhensonne gefördert werden.

Achtung Bei anhaltendem Frösteln ist die Behandlung abzubrechen und eine Weile Bettruhe einzuhalten. Dieser unerwünschte Effekt kommt jedoch nur selten und bei größeren Anwendungen vor.

▶ Den Wickel abnehmen und die getrockneten Lehmreste mit kaltem Wasser abspülen. Wichtig ist, dass der Wickel erst entfernt wird, wenn der Brei vollkommen getrocknet ist.

▶ Bei größeren Wickeln solte man anschließend noch etwa 30 Minuten im Bett ruhen.

▶ Akute Beschwerden behandelt man 2- bis 3-mal täglich, chronische Leiden etwa 2- bis 7-mal wöchentlich. Zwischen den einzelnen Anwendungen empfiehlt es sich, jeweils eine Pause von 1 bis 2 Stunden einzulegen. In der Regel sollten die Pausen umso länger sein, je größer die zu behandelnde Fläche ist.

Wirkung

Ein Heilerdewickel sorbiert Wundsekrete und Stoffwechselprodukte, er trocknet nässende Wunden und Geschwüre aus, kühlt, lindert Schmerzen, reinigt, bindet Gerüche, wirkt entzündungshemmend, wundheilend und abschwellend.

Achtung In seltenen Fällen kann es bei den Wickeln zu Überempfindlichkeitsreaktionen wie z. B. juckenden Hautstellen oder Bläschenbildung kommen. Dann sollte der Umschlag entfernt werden.

Bei offenen Wunden, nässenden Geschwüren und empfindlicher, trockener Haut ist es manchmal besser, wenn man zwischen Haut und Lehmbrei einen dünnen Mullverband legt. Die Wirkung wird dadurch allerdings abgeschwächt.

Warme Wickel

Der Umschlag mit Heilerde kann auch warm durchgeführt werden, wobei die kalte Anwendung der Heilerde gebräuchlicher ist (Moor oder Fango halten Wärme länger und sind deshalb für Wärmeanwendungen besser geeignet). Für einen warmen Wickel wird der Heilerdebrei im Wasserbad auf 40 °C erhitzt. Heilerde darf nie direkt oder auf der Heizung erwärmt werden, wenn man die Wirkung nicht zunichte machen will. Gut umrühren, damit sich die Hitze gleichmäßig verteilt. Im Weiteren genauso wie bei kalten Umschlägen verfahren.

Warme Heilerdewickel werden nur bei Unterleibsschmerzen, Symptomen einer Erkältung oder Grippe, Ischiasschmerzen (Hexenschuss) sowie bestimmten rheumatischen und arthritischen Formen empfohlen. **Achtung** Warme Anwendungen dürfen keinesfalls bei Venenentzündungen und Krampfadern vorgenommen werden.

Bei rheumatischen und arthritischen Beschwerden kann man eigentlich nur im Selbstversuch herausfinden, ob ein kalter oder warmer Heilerdewickel mehr Linderung verschafft. Dem einen helfen eher Kältereize, dem anderen Wärme.

Heilerdepflaster

Heilerdepflaster kommen meist bei Hautproblemen wie Pickeln oder Insektenstichen zur Anwendung. Auch bei kleineren Furunkeln, Geschwüren, Abszessen und Ekzemen können sie helfen, obgleich in solchen Fällen eher Heilerdeumschläge angezeigt sind. Beim Heilerdepflaster wird der Heilerdebrei direkt auf die entsprechende Hautstelle aufgetragen und nicht mit einem Verband abgedeckt. Die Einwirkzeit ist dann kürzer als beim Wickel.

Anwendung

- Die Heilerde mit kaltem Wasser oder Kamillentee zu einer streichfähigen Creme verrühren und etwa 1/2 Zentimeter dick auf die betroffenen Hautstellen auftragen.
- Sobald der Erdbrei zu bröckeln beginnt (nach ca. 30 Minuten), gründlich mit kaltem Wasser abspülen.

Wirkung

Das Heilerdepflaster saugt Giftstoffe, Bakterien, überschüssiges Fett und Talg auf. Es reinigt die Haut porentief, wirkt entzündungshemmend, lässt Schwellungen zurückgehen, bindet Gerüche, kühlt, lindert Schmerzen und Juckreiz.

Heilerdemaske

Gesichtsmasken mit Heilerde sind anzuraten bei großflächigen Hautunreinheiten, Kopfschmerzen oder Nervenschmerzen im Gesicht.

Anwendung

- Für eine Heilerdemaske rührt man eine ausreichende Menge Heilerdebrei mit kaltem Wasser oder Kamillentee an und trägt ihn mit der Hand oder mit einem Pinsel auf das Gesicht auf. Die empfindlichen

Partien um die Augen und den Mund herum werden ausgespart. Hals und Dekolletee können beliebig mitbehandelt werden. Die Gesichtsmaske wird nicht mit einem Tuch abgedeckt.

▶ Wenn nach etwa 15 bis 20 Minuten die Maske getrocknet ist und zu bröckeln beginnt, wäscht man sie mit lauwarmem Wasser ab.

▶ Wer die Erdmaske mit einem feuchten Frottiertuch abrubbelt, kommt zusätzlich in den Genuss eines effektiven Peelings. Die obersten abgestorbenen Hautschüppchen werden entfernt, und das macht die Haut zart und rosig.

▶ Um die Haut vor Austrocknung zu bewahren, sollte man anschließend eine pflegende Creme oder ein gutes Körperöl einmassieren.

Wirkung

Durch die porentiefe Reinigung der Haut wird Pickeln und Mitessern der Nährboden entzogen. Die Heilerdemaske wirkt entzündungshemmend, entgiftend und durchblutungsfördernd. Der natürliche Säureschutzmantel der Haut wird wieder hergestellt.

Heilerdebäder können den Kreislauf belasten und werden daher nicht von jedermann vertragen. Wer ernste Herz-Kreislauf-Probleme hat, sollte vor der Anwendung einen Heilpraktiker oder Arzt befragen oder auf weniger belastende Halb- oder Teilbäder ausweichen.

Bäder mit Heilerde

Heilerdebäder wirken allgemein stoffwechselanregend und durchblutungsfördernd. Sie helfen dem Körper bei seiner Entgiftungsarbeit und fördern das allgemeine Wohlbefinden. Bei rheumatischen oder arthritischen Beschwerden, bei Muskelverspannungen oder Gelenkschmerzen, die auf Wärmebehandlungen gut ansprechen, helfen Heilerdebäder erfahrungsgemäß besser als Wärmebäder ohne Zusätze. Auch bei Wunden, Ekzemen, Geschwüren, Furunkeln oder Hautunreinheiten entfalten Erdbäder eine sanfte Heilwirkung. In vielen Fällen ist bei solchen Beschwerden allerdings eher zu Heilerdeumschlägen zu raten.

Warmes Heilerdevollbad

Anwendung

▶ Man gibt 1 bis 1,5 Kilogramm Heilerde in eine Wanne mit angenehm warmem Wasser. Die Badezeit sollte etwa 15 Minuten betragen. Während des Bads die Erde, die sich am Boden absetzt, öfter aufrühren und den Körper mit Erde einreiben.

Heilerdevollbäder wirken sich positiv auf den ganzen Organismus aus: Sie aktivieren den Blutkreislauf, kurbeln den Stoffwechsel an und unterstützen die Entgiftungsarbeit. Der Körper regeneriert sich und auch die Seele entspannt.

▶ Nach dem Bad sollte man sich feucht in ein Badetuch einwickeln, warm zudecken und eine Zeit lang schwitzen. Anschließend abduschen und mit einem Frottiertuch kräftig trockenrubbeln.

▶ Gut ist auch, wenn man die Heilerde im geheizten Badezimmer am Körper antrocknen lässt, sobald man aus der Wanne gestiegen ist. Dadurch wird die Wirkung des Heilerdebads noch verstärkt. Die getrocknete Erde mit einem Frottiertuch oder Massagehandschuh abrubbeln (Ganzkörperpeeling) und anschließend duschen.

▶ Warme Heilerdebäder kann man 2- bis 3-mal wöchentlich durchführen, sofern der Kreislauf stabil ist.

Wirkung

Ein Heilerdevollbad fördert die Durchblutung, reinigt, erwärmt und aktiviert. Es lindert Schmerzen, entspannt die Muskeln und steigert ganz allgemein das Wohlbefinden.

Kühles Heilerdehalbbad (Felke-Bad)

Diese Anwendung geht auf »Lehmpastor« Felke zurück. Er führte die Bäder im Freien in einer natürlichen Lehmwanne durch, also in einem wannenförmigen Aushub im Lehmboden. Darin wurde Lehm mit kaltem Wasser zu einem schlammigen Brei verrührt. Der Badende saß bis

Damit bei Heilerdebädern das Abflussrohr der Badewanne nicht verstopft, legt man ein feinmaschiges Sieb oder ein Baumwolltuch über den Abfluss – darin wird die Erde aufgefangen. Man solllte sie aber nicht wieder verwenden, da sie mit Hautabsonderungen belastet ist.

Wer beim Heilerdehalbbad zu frieren oder sich unwohl zu fühlen beginnt, sollte das Bad abbrechen und im Bett ruhen. Herz-Kreislauf-Kranke oder geschwächte Personen fragen vor der Anwendung ihren Arzt oder Heilpraktiker um Rat.

zum Bauchnabel je nach Außentemperatur länger oder kürzer darin. Anschließend ließ man den Lehm am Körper antrocknen und wusch ihn erst dann mit kaltem Wasser ab, wenn er zu bröckeln begann.

Das Heilerdehalbbad ist eine sehr intensive Behandlungsform. Das Gewicht des Heilerdeschlamms übt Druck auf den Unterkörper aus, was wiederum die Blutzirkulation und die Organe aktiviert. Kreislauf, Stoffwechsel und Atmung werden angeregt, Milz und Leber werden in ihren Funktionen unterstützt.

Achtung Bei ernsthaften Erkrankungen, insbesondere bei Infektionskrankheiten sowie bei schweren nervlichen oder psychischen Störungen, darf das Felke-Bad nicht angewendet werden.

Anwendung

Vor dem Felke-Bad sollte man Bewegungsübungen machen, damit der Kreislauf in Schwung kommt und der Körper sich erwärmt. Weil die Menschen heute nicht mehr über die gleichen Abwehrkräfte verfügen wie zu Felkes Zeiten, sollte man das Badezimmer gut heizen.

- Etwa 750 Gramm Heilerde ins lauwarme bis kalte Wasser einrühren. Das Wasser soll bis über den Bauchnabel reichen. 10 bis 15 Minuten darin sitzen. Während des Bads die Erde, die sich am Boden absetzt, öfter aufrühren und den Körper mit der Erde bestreichen. Anschließend unter der warmen Dusche die Heilerdereste abspülen.
- Die Heilwirkung wird noch verstärkt, wenn man die Lehmreste am Körper antrocknen lässt. Dann mit den bloßen Händen oder mit dem Massagehandschuh abrubbeln, immer in Richtung auf das Herz. Das massiert und belebt sowohl den Kreislauf als auch das Nervensystem. Es regt den Stoffwechsel und das Immunsystem an und macht die Haut straff und rosig. Anschließend duschen.
- Man beschließt das Felke-Bad traditionsgemäß mit Bewegungsübungen, am besten im Freien.
- Man kann das Heilerdehalbbad ganz nach persönlichem Befinden 1- bis 3-mal pro Woche durchführen.

Wirkung

Das Felke-Bad fördert die Durchblutung, regt den Stoffwechsel an, entspannt und entkrampft, stärkt die körpereigenen Abwehrkräfte und wirkt entzündungshemmend.

Kühles Teilbad mit Heilerde

Das kühle Teilbad mit Heilerde belastet den Kreislauf weniger als das Halbbad. Teilbäder macht man entweder an den erkrankten Zonen (Arme, Hände, Füße, Unterschenkel) oder allgemein zur Anregung und Durchblutungsförderung.

Anwendung

▶ 300 bis 500 Gramm Heilerde in eine geeignete Wanne mit lauwarmem bis kaltem Wasser rühren und beide Unterschenkel oder Arme 20 bis 30 Minuten darin baden. Beim Unterschenkelbad (auch Fußbad genannt) bedeckt das Wasser beide Füße und Beine bis zur Wadenmitte. Beim Armbad sind Hände und Arme bis zu den Achselhöhlen mit Wasser bedeckt.

▶ Die Arme oder Beine aus dem Wasser nehmen und den Lehm antrocknen lassen, bis er abbröckelt. Währenddessen kann man durch Bewegungsübungen den Körper erwärmen. Dann erst abduschen.

▶ Das anschließende Ruhen im Bett fördert die Heilung und dient der Entspannung.

Wirkung

Das Teilbad mit Heilerde regt mild die Durchblutung an, hemmt Entzündungen, fördert den Stoffwechsel, wirkt keimtötend und sorbierend, kühlt und stillt den Juckreiz.

Bei einem Teilbad werden nur einzelne Körperteile in das Heilerdewasser getaucht. Es belastet den Kreislauf zwar weniger als ein Vollbad und kann dementsprechend häufiger durchgeführt werden, ist dafür aber auch nicht ganz so effektiv.

Mit Heilerde gurgeln

Das Gurgeln mit Heilerdewasser hilft bei vielen Erkrankungen des Mund- und Rachenraums. Bei Entzündungen (etwa des Zahnfleischs oder der Mandeln) nimmt man statt Wasser am besten Salbei- oder Kamillentee. Das wirkt zusätzlich entzündungshemmend.

Anwendung

▶ 2 Teelöffel Heilerde in ein Glas Wasser oder lauwarmen Salbei- bzw. Kamillentee geben, gut umrühren und damit gurgeln, bis das Glas leer ist. Mehrmals täglich (bis zu 8-mal) wiederholen.

Wirkung

Das Gurgeln mit Heilerde sorbiert Bakterien und Keime von Infektionen. Es reinigt und wirkt entzündungshemmend.

Heilerdekugeln

Heilerdekugeln sind für Anwendungen im Mundraum gedacht, wo man keine Wickel und Auflagen machen kann.

Anwendung

- Die Heilerde mit Wasser, Kamillen- oder Salbeitee zu einem dicken Brei verrühren und kleine Kugeln daraus formen.
- Die Kugeln fest gegen die schmerzende Stelle pressen, z. B. bei Zahnschmerzen oder Zahnfleischentzündungen.

Wirkung

Heilerdekugeln binden Bakterien und deren Stoffwechselprodukte. Sie wirken darüber hinaus schmerzlindernd.

Die im Handel erhältliche Heilerde ist praktisch steril und kann deshalb auch auf offene Wunden und nässende Ekzeme direkt aufgetragen werden. Häufig empfiehlt es sich aber, zwischen Wunde und Heilerde einen dünnen Mullverband anzulegen.

Trockene Anwendungen mit Heilerde

Heilerdepuder

Zur Trockenbehandlung nimmt man »Heilerde zur äußerlichen Anwendung«, besser noch einen speziellen Heilerdepuder aus der Streudose, der im Handel erhältlich ist. Die trockene Anwendung von Heilerde ist in der Regel weniger effektiv als die Feuchtbehandlung. Sie kann aber sinnvoll sein für Auflagen und Verbände bei nässenden Wunden und Geschwüren, bei juckenden Hautstellen, unreiner Haut oder Verbrennungen. Heilerdepuder stillt Blutungen und befreit die Haut von bakterienhaltigen Absonderungen.

Anwendung

- Den Puder entweder direkt auf die betroffenen Stellen streuen oder zuvor die Wunde mit einem dünnen Mullverband bedecken.
- Etwa 1 bis 2 Stunden einwirken lassen. Anschließend mit kaltem oder lauwarmem Wasser abspülen.
- Die Behandlung mehrmals täglich durchführen.

Wirkung

Heilerdepuder trocknet nässende Wunden oder Ekzeme aus. Er reinigt, kühlt, wirkt schmerz- und juckreizstillend, treibt die Wundheilung voran, hemmt Entzündungen und bindet Gerüche.

Beschwerden lindern von A bis Z

Nachfolgend finden Sie nun in alphabetischer Reihenfolge eine Auflistung der häufigsten Beschwerden und ihre äußerlichen Behandlungsmöglichkeiten mit Heilerde.

Abszesse

Abszesse sind Eiteransammlungen im Gewebe, die durch Bakterien verursacht werden. Bei Abszessen in der Haut kann Heilerde mit ihrer aufsaugenden und keimtötenden Wirkung viel ausrichten. Sie verhindert eine weitere Ausdehnung und Verschleppung der Erreger in die Blutbahn, was eine Blutvergiftung hervorrufen könnte.

Anwendungen

▶ Auf die betroffenen Hautstellen kalte Heilerdewickel bzw. Umschläge auflegen, mehrmals täglich erneuern. Der Heilerdebrei wird fingerdick aufgetragen.

▶ Bei stark nässenden und eiternden Abszessen ist auch trockenes Einpudern sinnvoll.

▶ Ratsam ist zusätzlich die Einnahme von Heilerde zur Bindung von Stoffwechselgiften und zur Blutreinigung. Wer häufig unter Abszessen leidet, sollte eine 4-wöchige Heilerdekur durchführen.

Die Wirkung der äußerlichen Anwendung bei Abszessen lässt sich durch die zusätzliche Einnahme von Heilerde noch verstärken. Ein Bauchwickel mit Heilerdewasser trägt dazu bei, die Tätigkeit der Ausscheidungsorgane anzuregen und so den Körper zu entgiften.

Akne

▶ Auf unreine Hautstellen (Mitesser) und Pickel trägt man den Heilerdebrei direkt, ohne Verband, auf und lässt ihn etwa 30 Minuten einwirken. Am besten den Heilerdebrei mit Kamillentee anrühren, das wirkt zusätzlich entzündungshemmend. Anschließend mit kaltem Wasser abwaschen.

▶ Bei großflächiger Akne ist 1- bis 2-mal pro Woche eine Heilerdemaske (siehe Seite 53f.) anzuraten. Sie wird nach dem Trocknen mit einer weichen Bürste sanft abgerubbelt.

▶ Zur Blutreinigung und inneren Entgiftung ist begleitend eine längere Heilerdekur sinnvoll.

Bartflechte

▶ Typische Symptome der Bartflechte sind entzündliche Pilzherde, die überall am Körper auftreten können, vor allem aber Gesicht, Bartstoppeln, Koteletten und Haaransatz befallen. Besonders bewährt haben sich bei ihrer Behandlung Umschläge mit kaltem Heilerdebrei.

Die ergänzende innerliche Anwendung von Heilerde hat sich bei der Behandlung von Ekzemen bewährt, weil sie den Körper von schädlichen Schlacken befreit. Sie kurbelt den Stoffwechsel an und reguliert den Säure-Basen-Haushalt der Haut.

Ekzeme

Ekzeme sind Überempfindlichkeitsreaktionen der Haut mit Rötungen, Schwellungen und Bläschenbildungen. Bei solchen zum Teil stark juckenden Erscheinungen ist eine Behandlung mit Heilerde sehr Erfolg versprechend. Dies gilt auch bei nässenden und zur Sekundärinfektion neigenden Formen. Auch bei allergischen Kontaktekzemen, Neurodermitis oder Schuppenflechte schafft Heilerde Abhilfe.

Anwendungen

▶ Empfehlenswert sind Heilerdewickel, wobei man den Brei mit abgekochtem Wasser oder Kräuterabsud von etwa 18 bis 20 °C (Zimmertemperatur) anrührt. Fingerdick auftragen und 1 1/2 bis 2 1/2 Stunden einwirken lassen. Je nach Bedarf 1- bis 2-mal täglich durchführen.

▶ Bei kleineren Flächen genügen Heilerdepflaster.

▶ Auch trockenes Einpudern ist bei Ekzemen sinnvoll.

▶ Heilerdeteilbäder wirken kühlend und stillen den Juckreiz.

▶ Zusätzlich sollte Heilerde innerlich eingenommen werden, um das Immunsystem zu entlasten.

Entzündungen

Entzündungen sind Reaktionen des Gewebes auf Schädigungen bakterieller, chemischer oder mechanischer Art.

Anwendungen

▶ Wickel mit kaltem Heilerdebrei (bis zu 4-mal täglich) helfen bei unterschiedlichen Entzündungen, z. B. bei Nagelbett- oder Hautentzündungen. Sie dienen auch zur unterstützenden äußerlichen Therapie bei Entzündungen des Magen-Darm-Trakts, der Nieren, der Harnblase sowie der Unterleibsorgane. In diesem Fall macht man großflächige Hüft-, Rumpf- oder Leibwickel, die eine beträchtliche innere Heilwärme erzeugen. Die äußerliche Therapie sollte aber immer mit der Einnahme von Heilerde (3-mal täglich 1/2 bis 1 Teelöffel) einhergehen, die man statt mit Wasser mit entschlackenden Tees (Ackerschachtelhalm, Brennnessel, Teufelskralle) aufschwemmt.

- Bei Hautentzündungen im Gesicht empfehlen sich Gesichtsmasken.
- Nässende Hautstellen kann man trocken einpudern.

Achtung Bei Entzündungen im Bereich der inneren Organe sollte man unbedingt einen Arzt konsultieren.

Rühren Sie zur Regeneration etwas Heilerdebrei an und massieren ihn so lange in die Haut ein, bis er antrocknet. Gut zudecken und einige Zeit ruhen, bis es zu Schweißausbrüchen kommt. Anschließend den Lehm abduschen und die Haut eincremen.

Erschöpfungszustände

- Bei allgemeiner Erschöpfung und Antriebsschwäche, die nicht organisch bedingt ist, sind regelmäßige kalte Halbbäder mit Lehm (Felke-Bäder) zu empfehlen. Sie beleben und stärken die Widerstandskräfte.
- Warme Heilerdebäder sind ebenfalls hilfreich. Sie dienen der Regeneration und Muskelentspannung (bei stabilem Kreislauf!).
- Regelmäßige Heilerdeeinnahmen gleichen Mineralstoffmängel aus, die für Erschöpfungszustände verantwortlich sein können.

Ein Heilerdewickel hilft bei so gut wie allen Erkrankungen. Er regt die Durchblutung und den Stoffwechsel an und fördert die Ausscheidung von krankheitsbedingten Stoffen. Die Selbstheilungskräfte des Körpers werden aktiviert.

Wenn sich der Furunkel geöffnet hat, sollte man die Stelle mit Heilerdeauflagen feucht halten, damit der Eiter ungestört abfließen kann. Zur Unterstützung des Heilungsprozesses empfiehlt es sich, die Auflagen noch eine Zeit lang weiter durchzuführen.

Furunkel

Furunkel sind Eiteransammlungen, die durch das Eindringen von Bakterien in einen Haarbalg oder eine Talgdrüse hervorgerufen werden und zu einer Entzündung der Unterhaut führen.

Anwendungen

▶ Ihrer ausleitenden bzw. entzündungshemmenden Wirkung wegen empfiehlt es sich, Wickel mit kalter Heilerde (bis 4-mal täglich) zu machen, bis der Furunkel nach außen aufbricht.

▶ Personen, die häufig unter Furunkeln leiden, ist zur inneren Reinigung und Entgiftung eine Heilerdekur anzuraten. Die Heilerde nimmt man am besten mit Kräutertees ein, die eine entgiftende und entschlackende Wirkung haben (Löwenzahn, Brennnessel, Ackerschachtelhalm oder Wacholder).

Gelenkschmerzen

Gelenkschmerzen können einerseits durch Abnutzung, infolge von Verletzungen, durch chronische Überbelastung oder eine Gelenkfehlstellung, andererseits aber auch durch Ernährungsfehler und Bewegungsmangel entstehen (Arthrosen). Entzündliche Gelenkerkrankungen (Arthritis) werden durch Erreger oder durch Ablagerungen giftiger Stoffwechselprodukte hervorgerufen.

Anwendungen

▶ In beiden Fällen ist die Heilerdetherapie mit kalten Wickeln in der Naturheilpraxis nahezu unverzichtbar. Der Heilerdebrei wird fingerdick aufgetragen. Sofort nach Anlegen des kalten Wickels kommt es zu einer tief greifenden Erwärmung des schmerzenden Gelenks (Heilwärme). Bei akuten Schmerzen 2- bis 4-mal täglich anwenden. Die Wirkung verstärkt sich noch, wenn man den Heilerdebrei mit Essigwasser anrührt. Man nimmt dafür am besten mineralstoffreichen Apfelessig oder Weinessig (1 Teil Essig auf 3 Teile Wasser).

▶ Manchmal sind bei Gelenkerkrankungen auch warme Heilerdewickel wohltuend und schmerzlindernd. Dazu rührt man den Heilerdebrei mit warmem Tee aus Zinnkraut oder Salbei an und streicht

ihn auf das schmerzende Gelenk. Die Wärme soll möglichst lange gehalten werden. Daher empfiehlt es sich, über das Trockentuch zusätzlich eine Wärmflasche zu legen. Während der Wickel seine Wirkung entfaltet, sollte man ruhen.
Vielfach wird empfohlen, bei akuten wie chronischen Entzündungen auf warme Wickel oder Umschläge zu verzichten. Andererseits wird zu kalten Anwendungen bei akuten Entzündungen und zu warmen Erdauflagen bei chronischen Entzündungen geraten. Hier geht Experimentieren über Studieren.

- Auch warme Heilerdebäder und kühle Heilerdehalbbäder (Felke-Bäder) wirken wohltuend und schmerzlindernd.
- Zur inneren Entgiftung und zur Anregung der Immunabwehr sollte zusätzlich Heilerde eingenommen werden (3-mal täglich etwa 1/2 bis 1 Teelöffel). Am besten schwemmt man mit Kräutertee auf, der ebenfalls entwässernde und entgiftende Wirkung hat und oft für Frühjahrskuren verwendet wird, beispielsweise Tee aus Brennnessel- oder Löwenzahnkraut, aus Wacholderbeeren oder Teufelskrallenwurzel.

Wer unter einem Geschwür leidet, sollte zur Festigung des Bindegewebes und zur Ausscheidung von Stoffwechselschlacken mehrmals täglich ein Glas Heilerdewasser trinken. Man kann die Heilerde auch mit Zinnkraut- oder Löwenzahntee mischen.

Geschwüre

Geschwüre (Ulzera) sind schlecht heilende Schädigungen der Haut, die nässen, eitern, bluten und oft sehr unangenehm riechen. In der naturheilkundlichen Praxis ist die Behandlung von Geschwüren mit Heilerde an der Tagesordnung.

Anwendungen

- Für ein Heilerdepflaster rührt man den Heilerdebrei mit kochendem Wasser oder Kamillentee an und lässt ihn abkühlen. Zwischen Heilerde und Geschwür legt man eine dünne Mullschicht. Der feuchte Brei wird fingerdick aufgetragen und nicht abgedeckt. Sobald der Lehm abrieselt, das Geschwür mit Wasser reinigen und die Auflage erneuern. Anfangs sind mehrmalige Auflagen pro Tag notwendig. Die Pflaster wirken schmerzlindernd, reinigend, geruchsbindend und fördern die Heilung.
- Auch trockenes Einpudern ist bei Geschwüren sinnvoll.
- Kalte Wadenwickel, die öfter erneuert werden müssen, wendet man bei Unterschenkelgeschwüren an.

Bei Infektionen und Allergien ist immer auch eine geschwächte Abwehrkraft ursächlich beteiligt. Heilerde unterstützt das Immunsystem, indem sie die Krankheitserreger bindet und ausscheidet.

Heilerde für Haustiere

- Haustieren tut Heilerde ebenso gut wie Menschen. Deswegen ist Heilerde ein wichtiger Faktor in der Veterinärmedizin.
- Rindern, Schweinen, Pferden, Hunden oder Katzen wird Heilerdewasser bei Durchfallerkrankungen, Verstopfung oder Geschwüren verabreicht.
- Vorbeugend gibt man regelmäßig Heilerde ins Trinkwasser.
- Verrenkungen, Prellungen, Verstauchungen, sogar Knochenbrüche behandelt man mit Heilerdeumschlägen, wobei der Heilerdebrei mit 3 Teilen Wasser und 1 Teil Essig angerührt wird.
- Die Jungtiere bekommen regelmäßig Heilerde ins Futter. Die Mineralien fördern das Wachstum und stärken die Knochen.

Halsschmerzen

- Bei Halsschmerzen, die als Begleiterscheinung einer Erkältung oder infolge einer leichten Mandelentzündung auftreten, hilft das Gurgeln mit Heilerdewasser. Die Wirkung wird verstärkt, wenn man entzündungshemmenden Kamillen- oder Salbeitee (lauwarm) nimmt.
- Zusätzlich kann man bis zu 4-mal täglich einen Halswickel machen, wobei der Heilerdebrei mit kaltem Tee aus Zinnkraut oder Salbei angerührt und fingerdick aufgetragen wird. Über das Wickeltuch legt man einen Wollschal. Besonders wirksam ist ein Heilerdewickel um den Hals, der über Nacht einwirkt.

Hautausschläge

Hautausschläge mit Jucken, Nässen oder Brennen können unterschiedliche Ursachen haben. Sie können krankheitsbedingt sein (Masern, Windpocken) oder auch auf Arzneimittelunverträglichkeiten, Infektionen oder allergische Reaktionen zurückgehen.

Anwendungen

- Betrifft der Ausschlag eine kleinere Hautstelle, so genügt ein Heilerdepflaster. Bei größeren Flächen wird man kalte Heilerdewickel vornehmen. Betroffene Hautstellen fingerdick bestreichen. Die Wirkung verstärkt sich, wenn man den Heilerdebrei mit Essigwasser anrührt. Dazu gibt man 1 Teil Apfel- oder Weinessig auf 3 Teile Wasser.

▶ Besonders bei allergischen Hautausschlägen empfiehlt es sich, regelmäßig kühle Teil- oder Halbbäder (Felke-Bad) durchzuführen. Wer oft unter Hautausschlägen leidet, sollte eine Heilerdekur erwägen.

Hexenschuss

▶ Bei Hexenschuss (Lumbago), einem plötzlich auftretenden Spannungsschmerz im Lendenbereich, wirken Wickel mit warmem Heilerdebrei schmerzlindernd.

▶ Auch ein warmes Heilerdebad verschafft Erleichterung.

Insektenstiche

Die Heilerde wirkt abschwellend, schmerz- und juckreizlindernd und zieht das Gift aus der Wunde. Die Gefahr von Entzündungen nach Insektenstichen wird deutlich verringert.

Anwendung

▶ Ein kaltes Heilerdepflaster oder trockenen Heilerdepuder auf die Stichstelle geben. Etwa 30 Minuten einwirken lassen. Nicht abdecken. Abwaschen und bei Bedarf erneuern (bis zu 4-mal täglich).

Krampfadern

Bei Krampfadern oder Venenentzündungen wird die Heilerdebehandlung als unterstützende Therapie schon seit den zwanziger Jahren erfolgreich eingesetzt.

Anwendungen

▶ Örtlich wendet man großflächig kalte Heilerdeauflagen oder komplette Waden- bzw. Beinwickel an. Niemals warme, das ließe die Venen noch stärker erschlaffen. Das Wickeltuch nur locker umbinden, damit kein Wärmestau entsteht. 1 bis 2 Stunden einwirken lassen. Anfangs 1- bis 2-mal täglich, bei Besserung 3-mal wöchentlich durchführen.

Heilerdeumschläge helfen auch bei Beingeschwüren, die als Folge von Krampfadern entstehen. Sie wirken nicht nur heilend und schmerzlindernd, sondern binden darüber hinaus auch unangenehme Gerüche.

Heilerdepuder ist überall dort angezeigt, wo Gerüche gebunden werden sollen. Er eignet sich auch hervorragend zur Behandlung von Schweißfüßen oder zur Pflege des Babypopos.

- Darüber hinaus stabilisieren kühle Teil- oder Halbbäder mit Heilerde die Venen. Auch hier gilt: Kein warmes Wasser verwenden. Die Behandlungen sollten möglichst frühzeitig, also schon bei den ersten Symptomen, begonnen werden.

Mundgeruch

- Bei Mundgeruch hat sich regelmäßiges Gurgeln mit Heilerdewasser bewährt. Wenn Mundgeruch von einem schlechten Zahn herrührt, muss natürlich schnellstens die Ursache beseitigt werden.
- Mundgeruch, der vom Magen aufsteigt, kann mit der Einnahme von Heilerde neutralisiert werden.

Nerven- und Kopfschmerzen

- Nervenschmerzen im Gesicht (Trigeminus), am Ischiasnerv oder an anderen Stellen im Körper werden durch Wickel oder Gesichtsmasken mit kaltem Heilerdebrei gelindert. Den Brei mit Essigwasser anrühren.
- Mit kalten Heilerdeauflagen abwechselnd auf Stirn und Nacken kann man Kopfschmerzen lindern.

Ein Rumpfwickel mit Heilerde empfiehlt sich bei Fieber, Grippe, Durchblutungsstörungen, Gelenk- und Gliederschmerzen. Die Tücher werden dabei von den Achselhöhlen bis zur Leiste um den gesamten Rumpf gewickelt.

Ödeme

Ödeme beruhen auf einer Störung im Wasserhaushalt. Diese hat zur Folge, dass sich Wasser im Gewebe ansammelt, meist in den Beinen.

Anwendung

▶ Umschläge mit kaltem Heilerdebrei lassen die Schwellungen zurückgehen. Bei größeren Waden- bzw. Beinwickeln trägt man den Heilerdebrei bleistiftdick auf.

Durch Anlegen des feuchtkalten Umschlags entsteht umgehend so genannte Heilwärme, die tief in die Gliedmaßen und Gelenke eindringt. Heiße Umschläge, eine Wärmflasche oder Höhensonne entfalten dagegen kaum Tiefenwärme.

Rheumatische Beschwerden

▶ Feuchtkühle Heilerdeumschläge wirken schmerzlindernd und belebend. Auch in ernsteren Fällen kann die Heilerdebehandlung angewandt werden, begleitend zur ärztlichen Therapie.

▶ Kühle Heilerdehalbbäder (Felke-Bäder) wirken schmerzstillend.

▶ Bei Muskelrheuma haben sich kalte Heilerdewickel (auch Teilbäder) bewährt. Die Wirkung verstärkt sich, wenn der Heilerdebrei mit Essigwasser angerührt wird (1 Teil Essig auf 3 Teile Wasser).

▶ Zur innerlichen Reinigung empfiehlt sich zusätzlich die Einnahme von Heilerde, insbesondere mit entgiftenden Tees aus Brennnessel, Löwenzahn oder Teufelskralle.

▶ Manchmal wirken bei rheumatischen Beschwerden auch warme Heilerdewickel und -auflagen oder warme Heilerdebäder schmerzstillend. Zu der Frage, ob die Anwendungen bei rheumatischen Beschwerden warm oder kalt sein sollten, siehe Seite 63.

Schmerzende Füße

▶ Heilerde in wenig Wasser einrühren, bis ein schlammiger Brei entstanden ist. Etwa 15 Minuten darin Wassertreten. Anschließend die Heilerde nur locker abstreifen. Den Rest antrocknen lassen, dann abbröseln. Diese Anwendung wirkt Schweißfüßen entgegen, kurbelt die Durchblutung an und ist eine Wohltat für vom Laufen schmerzende und brennende Füße. Sie regt ganz allgemein den Stoffwechsel an und fördert das Wohlbefinden.

Bei leichteren Verbrennungen hilft auch ein kaltes Bad in Heilerdewasser. Es lindert die Schmerzen und reinigt die Wunde, indem es zerstörte Hautzellen und schädliche Substanzen aufnimmt und bindet.

Sonnenbrand

▶ Bei großflächigem Sonnenbrand wirken Wickel mit kaltem Heilerdebrei kühlend und entzündungshemmend.
▶ Auch trockenes Einpudern ist sinnvoll.

Überfunktion der Schilddrüse

Schilddrüsenerkrankungen müssen selbstverständlich ärztlich behandelt werden. Wenn man jedoch aufgrund einer Überfunktion der Schilddrüse ein Kloßgefühl im Hals hat oder unter Übererregbarkeit leidet, wirkt ein Lehmumschlag beruhigend und entspannend.
▶ Heilerde mit Wasser zu einem schlammigen Brei verrühren. Den Lehmbrei auf ein Taschentuch auftragen und mit der bestrichenen Seite auf die Schilddrüse legen. Darüber einen Schal wickeln. 20 Minuten einwirken lassen und währenddessen ruhen. Den Umschlag entfernen und die Lehmreste abwaschen.

Verbrennungen

Verbrennungen immer zuerst mit kaltem Wasser behandeln. Heilerde wirkt schmerzstillend, wundheilend und entzündungshemmend.
Anwendung
▶ Bei leichteren Verbrennungen, die nicht vom Arzt behandelt werden müssen, macht man fingerdicke kalte Auflagen mit Heilerdebrei, die mehrmals am Tag erneuert werden. Den Brei nicht abdecken. Die Brandwunden heilen auf diese Weise rascher und meist narbenlos ab. Frühzeitige Anwendung verkürzt die Behandlungszeit.

Verletzungen

▶ Bei Blutergüssen, Verstauchungen, Zerrungen, Quetschungen oder Prellungen sind Wickel mit kaltem Heilerdebrei (fingerdick aufgetragen) eine bewährte Therapie. Eventuell einige Tropfen Arnikatinktur (aus der Apotheke) auf die Heilerde träufeln. Das fördert den Heilungsprozess und lindert die Schmerzen. So lange einwirken lassen, bis die Erde getrocknet ist. 2- bis 4-mal täglich anwenden.

▶ Zur begleitenden Behandlung empfehlen sich kühle Teilbäder. Sie wirken abschwellend und beschleunigen den Heilungsprozess; die Schmerzen werden gelindert.

Wunden

▶ Mit Heilerde kann man leichtere Schnitt-, Schürf- oder Bisswunden, die nicht ärztlich versorgt werden müssen, gut behandeln. Dazu macht man 2- bis 4-mal täglich kalte Heilerdewickel. Zwischen Wunde und Heilerde legt man einen dünnen Mullverband an.

▶ Bei schlecht heilenden Wunden werden so lange Heilerdeumschläge gemacht, bis eine Besserung eintritt und der Schmerz nachlässt. Zu Beginn mehrmals täglich erneuern.

▶ Bei nässenden Wunden oder Geschwüren kann man die Heilerde auch trocken aufstreuen. Die Heilerde saugt krank machende Keime und Giftstoffe aus der Wunde. Gleichzeitig erneuert sie das Gewebe.

▶ Zur begleitenden Behandlung empfehlen sich kühle Teilbäder.

▶ Die Einnahme von Heilerde (3-mal täglich 1/2 bis 1 Teelöffel) stärkt die Selbstheilungskräfte des Körpers.

Bei oberflächlichen Wunden beschleunigt Heilerde die Blutgerinnung und fördert die Regeneration des Gewebes. Der Heilungsprozess wird unterstützt und eine unschöne Narbenbildung verhindert.

Zahnfleischentzündung (Parodontitis)

▶ Bei einer Zahnfleischentzündung nimmt man zum Aufschwemmen der Heilerde Kamillen- oder Salbeitee. Mehrmals täglich gurgeln.

▶ Man kann das Zahnfleisch auch trocken mit Heilerde einpudern.

Zahnschmerzen

▶ Bei Zahnschmerzen mehrmals täglich mit Heilerdewasser gurgeln.

▶ Dazwischen gibt man Heilerdekugeln auf die schmerzenden Stellen, bis man einen Termin beim Zahnarzt bekommt.

▶ Auch bei Zahnwurzelentzündungen haben sich Heilerdekugeln zur Soforthilfe bewährt.

Die kurmäßig Einnahme von Heilerde bringt die Verdauung auf Trab und hilft dem Organismus, gezielt Giftstoffe loszuwerden.

Beim Kauf einer Heilerde ist zu berücksichtigen, ob sie innerlich oder äußerlich verwendet werden soll. Die feinere Heilerde für die innerliche Anwendung ist meist als solche ausgewiesen. Achten Sie auf den Etikettenaufdruck.

Innerliche Anwendung von Heilerde

»Heilerde ist bei innerlichem Gebrauch ein vorzügliches Darmdesinfiziens, sie befördert den Stuhlgang, baut durch ihren Mineralgehalt gesundes Blut und Gewebe auf, enthält keine giftigen Stoffe, ist billig und ohne besonderen Geruch und Geschmack« heißt es bereits in einem Gutachten von 1922 (Dr. Gustav Riedlin, praktischer Arzt).

Hilfe bei akuten und chronischen Beschwerden

Das Haupteinsatzgebiet für die innerliche Anwendung von Heilerde sind vordergründig Beschwerden und Erkrankungen des Magen-Darm-Trakts: Magenübersäuerung, Sodbrennen, gastritische Beschwerden, Durchfall, Verstopfung, Blähungen oder Lebensmittelvergiftungen. Heilerde ist sowohl bei akuten Problemen angezeigt, die beispielsweise infolge des Verzehrs verdorbener Speisen auftreten können, als auch bei eher chronischen Verläufen, die nicht selten auf eine allgemeine Darmträgheit zurückzuführen sind. Heilerde wird unterstützend auch bei ernsteren Entzündungen und Geschwüren im Magen-Darm-Bereich eingesetzt.

Linderung von rheumatischen Beschwerden

Das Wirkungsspektrum der Heilerde beschränkt sich aber nicht nur auf den Verdauungsbereich. Auch so genannte Ablagerungskrankheiten (Gicht, rheumatische Beschwerden, Arteriosklerose, Arthrosen etc.) können durch Heilerde positiv beeinflusst werden, vor allem in Verbindung mit veränderten Ernährungsgewohnheiten. Dies gilt auch für andere Folgeerkrankungen, die ursächlich auf ungesunde Darmverhältnisse zurückgehen wie Allergien, Migräne, Infektanfälligkeit, Zahnfleischentzündungen, Schlaflosigkeit oder Nervosität.

Heilerde zur allgemeinen Vorbeugung

Um Heilerde einzunehmen, muss man nicht erst erkrankt sein. Heilerde ist zur vorbeugenden Darmpflege und zur allgemeinen Gesunderhaltung für jedermann geeignet und zu empfehlen. Die Einnahme von ein bis zwei Teelöffeln Heilerde pro Tag ist auch über längere Zeiträume völlig unbedenklich und nebenwirkungsfrei. Für viele ist die Heilerdeeinnahme morgens auf nüchternen Magen daher zur täglichen Gewohnheit geworden.

Man kann die Wirkung von Heilerde noch verstärken, indem man unmittelbar vor und nach der Einnahme nichts isst. Nach einem fettreichen Essen kann es allerdings sinnvoll sein, die Heilerde sofort im Anschluss zu sich zu nehmen.

So wird Heilerde eingenommen

Es gibt verschiedene Möglichkeiten, wie man sich Heilerde zuführen kann. Probieren Sie aus, welche Ihnen am ehesten zusagt. Bei chronischen Erkrankungen sollte die Einnahme kurmäßig erfolgen.

Anrühren und sofort trinken

- Die Heilerde mit Leitungswasser, abgekochtem Wasser, Mineralwasser oder warmem Kräutertee (Salbei, Heublume, Kamille, Ackerschachtelhalm etc.) anrühren (im Fachjargon: aufschwemmen) und sofort schluckweise trinken. Immer zuerst die Heilerde ins Glas geben und dann mit der Flüssigkeit auffüllen.
- Für eine Einmaldosis nimmt man normalerweise 1/2 bis 2 Teelöffel Heilerde auf 1 Glas (1/8 bis 1/2 Liter) Flüssigkeit. Verwendet man viel Flüssigkeit, ist es zu empfehlen, vor jedem Schluck die Mischung nochmals umzurühren oder das Glas ständig zu schwenken, damit die Erde sich nicht absetzt.

Über Nacht ruhen lassen

- 1/2 bis 2 Teelöffel Heilerde abends in die gewünschte Flüssigkeit einrühren. Über Nacht ruhen lassen.
- Morgens kräftig durchrühren und schluckweise trinken.

Einnehmen und nachtrinken

Berufstätige, die tagsüber Heilerde einnehmen möchten, sollten sich die entsprechende Menge in ein Filmdöschen abfüllen: So lässt sich die Heilerde problemlos transportieren und kann jederzeit zubereitet werden.

Man stellt sich Wasser oder Tee bereit, nimmt 1 Teelöffel Heilerde ein und spült sie mit der Flüssigkeit hinunter. Anschließend trinkt man nach Belieben nach.

Trocken einnehmen

Heilerde sollte man eigentlich nicht trocken schlucken, ohne nachzutrinken. Sie könnte vorübergehend verklumpen und Magendrücken hervorrufen. Manche vertragen jedoch auch die trockene Einnahme sehr gut, wenn sie die Erde vorher gut einspeicheln.

Mildes Heilerdewasser

Einen Sonderfall unter den innerlichen Anwendungen stellt das milde Heilerdewasser dar. Dazu gießt man 1/2 bis 1 Teelöffel Heilerde mit Wasser auf, wartet, bis sich die Erde am Boden abgesetzt hat, und trinkt nur das getrübte Wasser. Den Bodensatz kann man in diesem Fall erneut aufschwemmen und für mildes Heilerdewasser verwenden.

In Frankreich ist es Usus, die Heilerde morgens in ein Tongefäß zu geben, mit Wasser aufzufüllen und die Mischung tagsüber in der prallen Sonne stehen zu lassen. Zur Heilkraft der Erde gesellt sich dann noch die Sonnenenergie, und so soll der Erdcocktail noch wirkungsvoller sein.

Die Wirkungsweise des milden Heilerdewassers ist im Detail noch nicht erforscht. Doch obwohl man bei dieser Anwendung nur geringe Mengen an Heilerde aufnimmt, hat das Heilerdewasser Erfahrungsberichten zufolge schon vielen geholfen. Zu empfehlen ist es in erster Linie bei chronischer Verstopfung.

Heilerdekapseln

Wer Heilerde nicht pur zu sich nehmen möchte, kann auf Heilerdekapseln ausweichen (Apotheke, Reformhaus). Sie werden unzerkaut mit 1 Glas Flüssigkeit geschluckt. Die Kapseln lösen sich nach einiger Zeit im Magen auf (1/2 Stunde) und setzen die Heilerde frei. 1 Kapsel entspricht 1 gehäuften Teelöffel Heilerde.

Wie viel und wann?

- Wie viel Heilerde Sie einnehmen wollen, entscheiden Sie selbst. Im Fall einer Erkrankung richtet sich die Menge nach den jeweiligen Beschwerden. Ausschlaggebend für die Dosierung ist die individuelle Verträglichkeit und natürlich die erzielte Wirkung. Die Mindestdosis besteht aus 1/2 bis 1 Teelöffel Heilerde täglich. Man nimmt sie am besten etwa 30 bis 60 Minuten vor dem Frühstück ein. Wem die Erde auf nüchternen Magen nicht behagt, der kann sie auch nach dem Frühstück einnehmen – was allerdings weniger effizient ist. In jedem Fall sollte man mindestens 1 Stunde lang warten. Dieselben Abstände sind einzuhalten, wenn man sich die Heilerde vor oder nach anderen Mahlzeiten einverleibt.
- Zusätzlich kann man Heilerde auch abends vor dem Schlafengehen einnehmen, am besten vor dem Zähneputzen, damit die winzigen Körnchen nicht zwischen den Zähnen stecken bleiben. Das könnte nächtliches Zähneknirschen auslösen.
- Bei besonders starken Beschwerden schluckt man Heilerde 3- bis 5-mal täglich. Die empfohlene Höchstdosis bei akuten Durchfällen oder Vergiftungen liegt bei 27 Gramm pro Tag, was in etwa 5 gehäuften Teelöffeln entspricht.

Zu den innerlichen Anwendungen von Heilerde zählt auch die Rollkur, die man bei Magenerkrankungen durchführt. Man trinkt Heilerdewasser und legt sich zunächst für einige Minuten auf die rechte Seite, dann auf den Rücken, auf die linke Seite und schließlich auf den Bauch. So gelangt die Erde in alle Bereiche des Magens.

Heilerde wird eingenommen, um Ausscheidungsprozesse einzuleiten und anzukurbeln. Folgt man seinem Instinkt, wird man dies nicht mit dem Prozess der Speisenaufnahme, dem Essen, vermischen.

- Bei plötzlich auftretenden Beschwerden wie Magendrücken, Völlegefühl, Übelkeit, Sodbrennen oder Mundgeruch nimmt man als Soforthilfe 1/2 bis 1 Teelöffel Heilerde mit Wasser oder Tee ein.

Davon abweichende Anwendungsformen entnehmen Sie bitte den einzelnen Indikationen.

Abstand zu den Mahlzeiten einhalten

Dass Heilerde stets zeitversetzt zu den Mahlzeiten eingenommen werden sollte, hat einen einfachen Grund: Damit soll vorsorglich verhindert werden, dass die Erde neben unerwünschten Substanzen auch Vitamine und andere Nahrungsbestandteile aufsaugt, die der Körper dringend benötigt. Auch ein negativer Einfluss auf die Verdauungsenzyme wird so vermieden. Mit wenigstens einer Stunde Abstand kann man relativ sicher gehen, dass von diesen wertvollen Substanzen nicht allzu viel verloren geht.

Zwar konnte für das Vitamin C nachgewiesen werden, dass es von Heilerde nicht sorbiert wird. Doch die Vitamine A, D, E und K sind fettlöslich und werden möglicherweise mit dem Abtransport von Fett durch die Sorptionsfähigkeit der Heilerde ebenfalls ungenutzt aus dem Körper ausgeschieden. Um diese Substanzen trotz Heilerdegaben in ausreichendem Maß aufnehmen zu können, empfiehlt sich die zeitversetzte Einnahme.

Vorsicht bei Selbstmedikation

Grundsätzlich gilt: Heilerde ist ein äußerst wirksames Naturheilmittel, mit dem seit Jahrhunderten die besten Erfahrungen gemacht werden. Es ist völlig unbedenklich, leichtere Erkrankungen und Alltagsbeschwerden erst einmal auf eigene Faust mit Heilerde zu behandeln. Bei allen unklaren Beschwerden, chronischen Verläufen und stärkeren Symptomen (Schmerzen, Fieber) sollte jedoch unbedingt ein Arzt oder Heilpraktiker hinzugezogen werden. Gleiches gilt, wenn Krankheitssymptome wie Übelkeit oder Durchfall sich länger als zwei bis drei Tage hinziehen und eine Selbstbehandlung keine Wirkung zeigt.

Auch in diesen Fällen ist es aber durchaus Erfolg versprechend, ergänzend zur ärztlichen Therapie oder zur Nachbehandlung innerliche Heilerdeanwendungen durchzuführen.

Wichtige Hinweise

- Wechselwirkungen von Heilerde mit anderen Medikamenten sind nicht bekannt. Wegen der Fähigkeit, andere Stoffe zu binden, kann Heilerde aber möglicherweise auch heilkräftige Substanzen sorbieren und ihre Wirkung verringern. Deshalb sollte man zwischen der Einnahme von Heilerde und anderen Arzneimitteln immer ein bis zwei Stunden Abstand einhalten.
- Heilerde bindet Gerüche. Sie sollte deshalb nicht in der Nähe geruchsintensiver Lebensmittel (z. B. von Gewürzen) gelagert werden.
- Heilerdegetränke sollen immer mit einem Löffel aus Keramik, Ton oder Holz umgerührt werden, nie mit einem Metalllöffel. Der Kontakt mit Metall kann Oxidationsprozesse auslösen, die die Erde entwerten.
- Unerwünschte Nebenwirkungen der Heilerde sind bei sachgemäßem Gebrauch nicht bekannt. Heilerde ruft auch keinerlei allergische Reaktionen hervor.
- Heilerde verfärbt den Stuhl. Das ist eine normale Reaktion.
- Auch Kinder vertragen Heilerde hervorragend. Bis zum 12. Lebensjahr sollten sie jedoch nur die Hälfte der für Erwachsene empfohlenen Heilerdemenge einnehmen. Viele Kinder mögen es lieber, wenn die Heilerde in Tee (Fenchel-, Pfefferminz- oder Früchtetee) gelöst wird.
- Heilerde ist in Apotheken, Reformhäusern, Drogerien und Naturkostläden erhältlich (siehe Seite 95).

Geben Sie zwei Esslöffel Heilerde auf ein Tellerchen und stellen Sie es in den Kühlschrank, in die Vorratskammer oder auch neben das Katzenkistchen. So werden unangenehme Gerüche rasch aus der Welt geschafft.

Wann auf die Einnahme verzichtet werden sollte

- Wenn sich eine Verstopfung nach mehreren Einnahmetagen nicht lösen will.
- Bei Neigung zu Brucheinklemmung oder zu Darmverschluss.
- Wenn das Stuhlvolumen nach etwa dreitägiger Einnahme deutlich geringer wird.

Die Entwicklung von allergischen Reaktionen scheint u. a. in Zusammenhang mit einem Kupfermangel zu stehen. Durch die Einnahme von Heilerde wird ein eventueller Mangel an Mineralien ausgeglichen.

Beschwerden lindern von A bis Z

Bitte achten Sie darauf, dass Sie die Heilerdebehandlung – auch wenn eine Besserung Ihrer Beschwerden eintritt – noch eine Weile fortführen, um Rückfälle zu vermeiden.

Allergien

Die hohe Belastung von Atemluft, Nahrung, Wohnraum und Arbeitsplatz mit Umweltgiften hat das Immunsystem vieler Menschen deutlich geschwächt. Wenn es nicht mehr in der Lage ist, die schädlichen Substanzen ausreichend abzuwehren, können sich Allergien einstellen – die Folgen sind ständiger Schnupfen, Dauerkopfschmerzen, Erschöpfungszustände oder die unterschiedlichsten Hautprobleme. Heilerde vermag hier auf zweierlei Weise zu helfen: Sie kann einerseits in den Verdauungstrakt eingedrungene Giftstoffe direkt ad- oder absorbieren und so das Immunsystem entlasten bzw. stärken. Andererseits sorgt sie für ein gesundes Darmmilieu, in dem sich beispielsweise nicht so leicht Pilze ansiedeln können.

Anwendungen

- 3-mal täglich 1/2 bis 1 Teelöffel Heilerde einnehmen.
- Bei äußeren allergischen Reaktionen wie Quaddeln auf der Haut oder Kontaktekzemen haben sich Heilerdeumschläge sowie kühle Heilerdehalbbäder (Felke-Bäder) sehr gut bewährt.

Wirkung

Sorbiert Giftstoffe, saniert die Darmflora, stärkt das Immunsystem.

Autointoxikation (Selbstvergiftung)

Ein klassisches Anwendungsgebiet der Heilerde ist die vom Darm ausgehende Selbstvergiftung des Körpers mit Stoffwechselschlacken, Gärungs- und Fäulnisgiften. Die Autointoxikation ist meist auf eine Darmträgheit infolge zu reichlicher und falscher Ernährung zurückzuführen. Sie kann vielerlei Folgen haben, beispielsweise Kopfschmerzen, Erschöpfungszustände, Furunkel, rheumatische Beschwerden oder Schlaflosigkeit. Auch bei allen Verdauungsstörungen, die auf Fäulnis- und Gärungsvorgänge im Darm zurückgehen, wird mit Heilerde rasch Besserung erzielt.

Anwendung

▶ Über einen längeren Zeitraum 3-mal täglich 1/2 bis 1 Teelöffel Heilerde einnehmen.

Wirkung

Bindet Stoffwechselschlacken und Gifte und schleust sie aus, saniert die Darmflora, dämpft entzündliche Prozesse.

Störungen der Darmflora, wie sie beispielsweise nach der Einnahme von Antibiotika entstehen können, werden durch regelmäßige Heilerdegaben ausgeglichen. Heilerde sorgt für ein gesundes Darmmilieu und absorbiert giftige Gase.

Blähungen

Gärungs- und Fäulnisprozesse im Darm führen häufig zur Ansammlung von Gasen. Blähungen stellen sich auch ein nach dem Genuss blähender Speisen (Hülsenfrüchte, Kohl, Zucker) und Getränke (Sekt, kohlensäure- oder zuckerreiche Flüssigkeiten). Durch die Einnahme von Heilerde werden Blähungen deutlich gemildert. Die überschüssigen Gase werden bis zu einem gewissen Grad direkt an die Heilerde gebunden. Gärungs- und Fäulnisprozesse werden wirksam bekämpft.

Anwendung

▶ 3-mal täglich 1/2 bis 1 Teelöffel Heilerde in Wasser, eventuell mit einigen Tropfen Kümmelöl, einnehmen. Statt des Wassers eignen sich auch blähungslösende Tees aus Kümmel, Anis, Fenchel oder Wermut. Wer häufig unter Blähungen leidet, sollte eine 4-wöchige Heilerdekur ins Auge fassen.

Wirkung

Bindet Zersetzungsprodukte und Gase, saniert die Darmflora.

Cholesterinwerte, erhöhte

Die Diskussion um den Einfluss eines erhöhten Cholesterinspiegels auf die Gesundheit wird immer noch kontrovers geführt. Die meisten Wissenschaftler sind jedoch davon überzeugt, dass zu hohe Werte des LDL-Cholesterins (Low Density Lipoprotein, das »schlechte« Cholesterin) die Fließfähigkeit des Blutes beeinträchtigen, den Zustand der

Blutgefäße verschlechtern und im Zusammenspiel mit anderen Risikofaktoren (Rauchen, Bewegungsmangel) für Schlaganfall und Herzinfarkt mitverantwortlich sind.
In Verbindung mit einer geeigneten Diät kann die Einnahme von Heilerde über einen längeren Zeitraum erhöhte Cholesterinwerte senken.

Anwendung

- 1/2 bis 1 gehäufter Teelöffel Heilerde 2- bis 3-mal täglich.

Wirkung

Bindet Cholesterin in Magen und Darm.

Selbst bei schweren Erkrankungen wie Ruhr wird mit Heilerde ein Nachlassen des Durchfalls erreicht. Auch bei Brechdurchfall tut Heilerde gute Dienste.

Durchfallerkrankungen

Gallensäuren, die für die Fettverdauung von Bedeutung sind, stellen in einem gewissen Sinn natürliche Abführmittel dar. Gelangen zu viel davon in den Dickdarm, kann das zu Durchfall führen. Heilerde bindet überschüssige Gallensäure und schafft so Abhilfe. Chronische Darmkatarrhe mit starken Durchfällen werden durch eine Heilerdetherapie sichtlich gebessert, vielfach ganz geheilt. Heilerde ist auch zur Behandlung infektiöser Darmkatarrhe bei Kindern gut geeignet. Häufigste Durchfallursache dürften verdorbene Lebensmittel sein. Hier kann Heilerde bis zu einem gewissen Grad die auslösenden Krankheitskeime und Gifte sorbieren.

Achtung Wenn Durchfall länger als 48 Stunden dauert oder in Verbindung mit Fieber auftritt, sollte ein Arzt konsultiert werden.

Anwendung

- Man nimmt mehrere Gaben von 1 bis 3 Teelöffeln Heilerde im Verlauf weniger Stunden ein. Am besten löst man die Heilerde in Kräutertees mit entzündungshemmenden Inhaltsstoffen auf (z. B. Pfefferminze, Salbei oder Kamille). Auch Schwarztee (5 Minuten ziehen lassen), der reichlich Gerbstoff enthält, ist hervorragend geeignet. Bei chronischen Darmkatarrhen sollte man, zusätzlich zur ärztlichen Therapie, eine Heilerdekur ins Auge fassen.

Wirkung

Bindet überschüssige Gallensäure und Krankheitskeime im Darm, sorgt für eine gesunde Darmflora, wirkt mineralisierend.

Gerüche

Mundgeruch, vor allem wenn er aus dem Magen aufsteigt, wird durch Heilerde schnellstens neutralisiert. Auch übelriechender Stuhl wird durch Heilerdegaben normalisiert.

Anwendung

▶ 2-mal täglich 1/2 bis 1 Teelöffel Heilerde.

Wirkung

Sorbiert Gase, Fäulnis- und Giftstoffe im Darm.

Geschwüre im Magen- und Darmtrakt

Bei Magen- und Zwölffingerdarmgeschwüren kann Heilerde helfen. Sie saugt die flüssigen Absonderungen der Geschwüre auf, die eine Heilung blockieren. Durch eine kurmäßige Behandlung mit Heilerde über mehrere Wochen und Monate konnte schon vielfach eine Ausheilung von Magengeschwüren verzeichnet werden. Die Therapie akuter Geschwüre sollte jedoch nicht im Alleingang erfolgen.

Anwendung

▶ 3-mal täglich 1/2 bis 1 Teelöffel Heilerde über längere Zeit.

Wirkung

Sorbiert Krankheitsstoffe, unterstützt die Schleimhaut- und Gewebeheilung.

Selbst bei Morbus-Crohn-Patienten konnte durch die dreimalige Einnahme von einem Teelöffel Heilerde am Tag eine Besserung erzielt werden. Die Beschaffenheit des Stuhls normalisierte sich.

Die Heilerderollkur

Die heilende und entzündungshemmende Wirkung der Erde im Magen lässt sich durch eine Heilerderollkur noch steigern:

▶ 1 Glas Heilerdewasser (2 Teelöffel auf 1/2 Liter lauwarmes Wasser) in kleinen Schlucken morgens auf nüchternen Magen trinken.

▶ Dann für jeweils 5 Minuten auf die rechte Seite, den Rücken, die linke Seite und den Bauch legen. Durch die Drehung wird die Heilerde besser auf die gesamte Magenschleimhaut verteilt.

Wirkung

Beruhigt die entzündeten Schleimhäute, saugt Schadstoffe im Darm auf, balanciert das Säure-Basen-Verhältnis aus.

Bei Reisen in die Tropen ist es nützlich, vorbeugend 3-mal täglich 1/2 bis 1 Teelöffel Heilerde mit Wasser einzunehmen. Ungewohnte Erreger in Nahrung und Getränken werden dadurch rechtzeitig abgefangen.

Haarausfall

Wenn der Haarausfall nicht erblich bedingt ist, kann durch regelmäßige Heilerdegaben eine Besserung erzielt werden. Denn oft ist Haarausfall, ebenso wie mangelnder Glanz im Haar und Haarspliss, die Folge von Mineralstoffdefiziten, insbesondere einem Mangel an Kieselsäure. Heilerde, die zu über 50 Prozent aus Kieselsäure besteht, kann hier Ausgleich schaffen und zudem für eine bessere Darmgesundheit sorgen, damit die nötigen Mineralien auch ausreichend resorbiert werden.

Anwendung

▶ Über einen längeren Zeitraum hinweg, wenigstens 2 bis 3 Monate lang, 1- bis 2-mal täglich 1/2 bis 1 Teelöffel Heilerde einnehmen.

Wirkung

Ergänzt Kieselsäure und hilft dem Darm, Mineralstoffe umzusetzen.

Lebensmittelvergiftungen

Besonders im Sommer, wenn Nahrungsmittel rascher verderben, können sich schädliche Zersetzungsprodukte bilden, die im menschlichen Organismus Vergiftungserscheinungen hervorrufen. Häufiger jedoch werden Vergiftungen durch Lebensmittel (Fleisch, Fisch, Meeresfrüchte, frisch oder konserviert) ausgelöst, die infolge von Verunreinigungen Krankheitserreger aufweisen. Die meisten Lebensmittelvergiftungen zählt man daher streng genommen zu den Infektionskrankheiten. In leichteren Fällen werden sich die Symptome (Übelkeit, Durchfall, Erbrechen, schmerzhafte Koliken) durch die Heilerdeeinnahme binnen eines Tages bessern.

In schwereren Fällen nimmt man Heilerde als Erste-Hilfe-Maßnahme ein und ruft dann unverzüglich den Arzt. Dies gilt auch bei Vergiftungen durch Chemikalien oder Medikamente.

Anwendung

▶ Im Verlauf weniger Stunden mehrmals 1 bis 2 Esslöffel (!) Heilerde einnehmen. Viel Flüssigkeit dazu trinken.

Wirkung

Gifte und Keime werden sorbiert.

Schwangerschaftsbeschwerden

Starke Übelkeit und häufiges Erbrechen in der Schwangerschaft können durch die Einnahme von Heilerde deutlich gebessert werden.

Anwendungen

▶ 3-mal täglich 1/2 bis 1 Teelöffel Heilerde 1/2 Stunde vor den Mahlzeiten einnehmen.

▶ Kalte Heilerdeauflagen lindern Schmerzen und Spannungsgefühle in den Brüsten, wie sie vor der Periode oder in der Schwangerschaft häufig auftreten. Heilerde mit etwas kaltem Wasser verrühren, den Brei messerrückendick auf die Brüste auftragen, mit einem Leinentuch locker abdecken. 20 bis 30 Minuten lang einwirken lassen und mit kaltem Wasser abspülen.

Wirkung

Bindet überschüssige Magensäure, beruhigt den Magen, liefert wichtige Mineralstoffe und Spurenelemente.

Wer häufig unter Magenbeschwerden, Sodbrennen etc. leidet, mischt Heilerde und Wasser zu einem geschmeidigen Brei. Daraus werden pillengroße Kugeln geformt, die man bei akuten Beschwerden mit viel Flüssigkeit schluckt.

Sodbrennen

Heilerde ist ein wirksames Mittel gegen Sodbrennen. Nach sieben Tagen regelmäßiger Anwendung dürften selbst heftigere Beschwerden abgeklungen sein. Zur Vermeidung eines Rückfalls soll die Behandlung aber noch eine Zeit lang fortgeführt werden. Bei Sodbrennen, das auf die übermäßige Produktion von Magensäure zurückgeht, nimmt man die Heilerdeaufschwemmung vor den Mahlzeiten. Wenn zu wenig Magensäure die Ursache des Sodbrennens ist – die Beschwerden treten dann eher nach den Mahlzeiten und beispielsweise nicht in der Nacht auf –, nimmt man die Heilerde nach dem Essen ein, sobald die Schmerzen auftreten.

Anwendungen

▶ 3-mal täglich 1/2 bis 1 Teelöffel Heilerde vor oder nach den Mahlzeiten in Wasser einnehmen. Die Wirkung verstärkt sich, wenn Sie das Wasser durch Tee aus Tausendgülden- oder Wermutkraut ersetzen. Beide Tees enthalten Bitterstoffe und lindern Magen-, Gallenblasen- und Darmbeschwerden.

▶ Man kann die Anwendung auch in Verbindung mit einer Heilerderollkur (siehe Seite 79) durchführen. Bewährt haben sich zusätzliche Leibwickel mit Heilerdebrei. Bei starkem Sodbrennen mehrmals täglich kleine Portionen Heilerde einnehmen.

Wirkung

Bindet überschüssige Magensäure, sorgt für den Säure-Basen-Ausgleich im Magen.

Durch die dauerhafte Einnahme von Abführmitteln wird der Darm zunehmend träger; es kann zu schädlichen Mineralstoffverlusten kommen. Ein Kaliummangel z. B. schwächt die Darmmuskulatur, und die Verstopfung verstärkt sich.

Übergewicht

Heilerde vermag einen Teil des Fetts aus der Nahrung zu binden und so Reduktionsdiäten in ihrer Wirkung zu unterstützen. Damit die fettresorbierende Fähigkeit der Heilerde zum Tragen kommt, nimmt man die Heilerde eine halbe Stunde vor der Mahlzeit ein. Da Übergewichtige häufig unter Verstopfung leiden, ist auch die darmregulierende Wirkung der Heilerde von Bedeutung. Ausreichend Mineralstoffe sind zur Bildung fettaufspaltender Enzyme wichtig.

Anwendung

▶ 2- bis 3-mal täglich 1/2 bis 1 Teelöffel Heilerde. Hungergefühle zwischendurch kann man mit einem Heilerdegetränk überbrücken.

Wirkung

Bindet Nahrungsfette, entschlackt, saniert den Darm, versorgt mit wichtigen Mineralstoffen.

Übersäuerung des Magens

Bei durch Übersäuerung hervorgerufenen Magenbeschwerden wie saurem Aufstoßen, Völlegefühl oder Magendruck nach dem Essen ist Heilerde ein geeignetes Heilmittel. Auch bei der durch chronische Übersäuerung hervorgerufenen Magenschleimhautentzündung (Gastritis) sowie bei einem Reizmagen tut Heilerde gute Dienste. Die Heilerde bindet erwiesenermaßen überschüssige Salzsäure im Magen und legt sich schützend über die Magenschleimhaut, was weiteren Reizungen vorbeugt. Die Entzündungen können schneller abheilen. Stechende Schmerzen und andere Begleiterscheinungen verschwinden.

Anwendungen

▶ Man nimmt kleinere Mengen Heilerde (1/4 bis 1/2 Teelöffel) häufiger am Tage und vor dem Schlafengehen ein.

▶ Bei chronischer Übersäuerung empfiehlt sich eine Rollkur (siehe Seite 79) mit einem Gemisch aus Heilerde und Kamillentee.

Wirkung

Neutralisiert überschüssige Magensäure, entzündungshemmend.

Da Heilerde darmregulierend wirkt, ist die Einnahme sowohl bei Durchfall als auch bei Verstopfung angezeigt. Die in der Heilerde enthaltenen Mineralien regen die Sekretion der Darmdrüsen und somit die Darmtätigkeit an.

Verstopfung

Von Verstopfung spricht man, wenn der Stuhlgang unregelmäßig bzw. erschwert erfolgt oder mit Schmerzen verbunden ist. Chronische Verstopfung zählt mit zu den charakteristischen Anwendungsgebieten für die Einnahme von Heilerde.

Heilerde, mit viel Wasser getrunken, wirkt als Füllstoff, der die Ausleitung erleichtert. Darüber hinaus sollte man versuchen, die Verdauungstätigkeit mit ballaststoffreicher Nahrung, reichlich Flüssigkeit (mindestens 2 bis 3 Liter pro Tag) und regelmäßiger Bewegung zu normalisieren.

Löst sich die Verstopfung trotz der Heilerdeeinnahme nach einigen Tagen nicht, sollte auf die Einnahme von Heilerde verzichtet und auf andere Methoden ausgewichen werden. Denn Verstopfung kann auch andere Ursachen haben, wie z. B. Darmpassagehindernisse oder Verkrampfungen, gegen die Heilerde nichts ausrichtet.

Anwendung

▶ Bei chronischer Verstopfung einige Tage lang morgens nüchtern und abends vor dem Schlafengehen 1/2 bis 1 Teelöffel Heilerde einnehmen und reichlich – mindestens 2 Gläser lauwarmes Wasser oder Kräutertee – nachtrinken. In vielen Fällen hat es sich auch bewährt, nur das gefärbte Heilerdewasser zu trinken und den Erdsatz stehen zu lassen (siehe Seite 72). Dazu gröbere Heilerde verwenden.

Wirkung

Regt die Darmtätigkeit an, wirkt als »Darmmassage«, saniert die Darmflora, schleust schädliche Substanzen aus, wirkt Fäulniszuständen im Darm entgegen.

Die Heilerdekur

»Alles Übel wohnt im Darm«, stellte schon der griechische Arzt Hippokrates vor fast 2500 Jahren fest. Ein Darm, der von einem ständigen Zuviel an schwer verdaulicher Kost überfordert ist, wird träge und kann seiner (Ausscheidungs-)Arbeit nicht mehr in ausreichendem Maß nachkommen. Fäulnis- und Gärungsgifte nehmen überhand und können, vom Darm ausgehend, mit der Zeit den ganzen Organismus vergiften. In solchen Fällen ist eine Heilerdekur von großem Nutzen. Sie saniert das Darmmilieu, lässt die entsprechenden Beschwerden abklingen und verbessert spürbar das Allgemeinbefinden.

»Glück ist, eine gute Köchin zu haben, ein gefülltes Bankkonto und eine funktionierende Verdauung«, philosophierte einmal der berühmte Franzose Jean-Jacques Rousseau (1712–1778). In diesem Ausspruch steckt mehr als nur ein Körnchen Wahrheit.

Wenn Mineralstoffe fehlen

Eine Kur mit Heilerde ist auch dann sinnvoll, wenn in der üblichen Kost zu wenig Mineralstoffe enthalten sind oder, beispielsweise durch hohen Alkohol- und Kaffeekonsum, dem Organismus verloren gehen. Mineralstoffmängel können sich in Erschöpfungszuständen, Konzentrations- und Gedächtnisschwäche oder mangelndem Antrieb zeigen, äußerlich an brüchigen Fingernägeln, ständigen kleineren Hautproblemen, matten oder gespaltenen Haaren. Ältere Menschen haben oft solche Defizite, vor allem, wenn sie sich nicht ausgewogen ernähren.

Bei Übersäuerung

Eine Übersäuerung der Körpersäfte sollte ebenfalls zum Anlass genommen werden, es einmal mit einer kurmäßig durchgeführten Heilerdetherapie zu versuchen.
Übersäuerung rührt u.a. von Fehlernährung, Stress und Umweltbelastungen her, denen wir heutzutage verstärkt ausgesetzt sind, und ruft vielerlei Beschwerden und vorzeitige Alterserscheinungen hervor. Allergien, Osteoporose oder Pilzinfektionen sind nicht selten die Folge eines gestörten Säure-Basen-Gleichgewichts. Eine Heilerdekur in Verbindung mit einer ausgewogenen Ernährung hilft, das Säure-Basen-Gleichgewicht wieder auszubalancieren.

Die gesundheitsbewusste Küche

Diese Kurzübersicht kann als Leitfaden für eine gesundheitlich orientierte Ernährung dienen.

- Weniger: tierische Fette, raffinierte Speiseöle, Fabrikzucker, Kochsalz, Weißmehlprodukte, ultrahocherhitzte Milch, Konserven, Wurstwaren und Eier.
- Dafür umso mehr: Vollkornprodukte, Salate, frisches Obst und Gemüse, Kartoffeln, naturbelassene Pflanzenöle, Vorzugs- und Sauermilch, mageren Käse, Quark, Samen, Nüsse, Kerne, Sprossen, frische Kräuter, mageres Fleisch und Fisch.

Zum Entschlacken und Entgiften

Zu einer Verschlackung des Organismus kann es kommen, wenn man zu reichlich isst, minderwertige Nahrung aufnimmt, übermäßig Genussgifte konsumiert, sich zu wenig bewegt und allgemein einer hohen Schadstoffbelastung ausgesetzt ist. Giftstoffe und Stoffwechselschlacken verbleiben im Blut bzw. in den Körperflüssigkeiten und lagern sich in den Geweben, Muskeln oder Gelenken ein. Rheumatische Beschwerden, Gicht oder Arteriosklerose können die Folge sein.
Eine Heilerdekur zweimal pro Jahr ist eine wirksame Methode, um ganz gezielt Giftstoffe loszuwerden und dem Organismus bei seiner Entschlackungsarbeit zu helfen. Die Entschlackungsmaßnahmen betreffen zwar vordergründig den Magen-Darm-Trakt, in der Folge kommt es aber auch zu einer Reinigung des Bluts und des übrigen Organismus.

Maßnahmen, die von vielen im Rahmen einer Frühjahrskur durchgeführt werden, wie gelegentliche Obst-, Reis-, Kartoffeltage oder vielleicht sogar eine mehrtägige Saftfastenkur, können durch die Einnahme von Heilerde wirkungsvoll unterstützt werden.

Heilerde für die Frühjahrskur

Eine Heilerdekur bietet sich nicht nur an, um aktuelle gesundheitliche Probleme anzugehen, sondern auch als vorbeugende Maßnahme. Das Frühjahr oder der Herbst sind dafür der geeignete Zeitpunkt. In diesen Zeitabschnitten muss sich unsere biologische Uhr umstellen; der Stoffwechsel arbeitet schneller oder langsamer und kann etwas Unterstützung sehr gut gebrauchen.

Kurprogramm – Heilerde mit entschlackenden Tees

▶ Zur Durchführung einer Heilerdekur nimmt man täglich 2- bis 3-mal Heilerde zu sich. Die empfohlene Dosierung ist 1/2 bis 1 Teelöffel morgens auf nüchternen Magen (1 Stunde vor oder auch nach dem Frühstück) sowie abends vor dem Schlafengehen. Wenn erforderlich, erfolgt eine dritte Einnahme 1 Stunde vor oder nach dem Mittagessen.

▶ Am günstigsten ist es, die Heilerde statt in Wasser in entschlackendem Brennnessel-, Ackerschachtelhalm-, Teufelskrallen- oder Löwenzahntee aufzuschwemmen. Diese Kräuteraufgüsse verstärken ausleitende Prozesse und fördern die Blutreinigung.

Wenn man nicht speziell fastet, empfiehlt es sich, während der Heilerdekur auf vitamin- und ballaststoffreiche Ernährung zu achten, ohne viel Fleisch und tierisches Fett. Ratsam ist auch, während dieser Zeit möglichst auf Alkohol und Nikotin zu verzichten.

Mit Heilerde fasten

Jeder, der schon einmal an Fasten- oder Entschlackungstagen auf feste Nahrung verzichtet und sich statt dessen aufs Trinken (Kräutertee, Gemüsebrühe, Obst- und Gemüsesäfte oder Mineralwasser) verlegt hat, weiß, dass sich dabei unliebsame Begleiterscheinungen einstellen können. Bei empfindlichen Mägen kann es zu Sodbrennen, saurem Aufstoßen oder Magendrücken kommen.

Bei einer Fastenkur kann es zu Magendrücken, Belägen auf der Zunge und anderen Beschwerden kommen. Heilerde neutralisiert überschüssige Magensäure, bindet Giftstoffe und verbessert den Geschmack im Mund.

Die Zunge zeigt pappige Beläge (Fastenzunge), und in manchen Fällen tritt lästiger Mundgeruch auf. In solchen Fällen ist Heilerde ideal.

▶ Man nimmt 3-mal täglich 1/2 bis 1 Teelöffel Heilerde – bei Bedarf auch mehr – ein und beugt so den Fastenbeschwerden wirksam vor. Zusätzlich wird durch Heilerde die Entgiftung, das Hauptanliegen des Fastens, kräftig unterstützt.

Heilerde spendet lebenswichtige Mineralien und Spurenelemente, auf die während des Fastens nicht verzichtet werden kann. Sie wirkt darüber hinaus als natürlicher Ballaststoff, der die Verdauung ankurbelt und nicht aus dem Ruder laufen lässt. Die Darmmotorik kann insbesondere nach längeren Fastenzeiten ansonsten nicht so leicht wieder in Gang gebracht werden. Zudem erleichtert Heilerde den Nahrungsverzicht, weil der Magen ein wenig gefüllt wird.

Heilerde wirkt den unangenehmen Begleiterscheinungen entgegen, die sich bei einer längeren Fastenkur einstellen können: Sie bindet überschüssige Magensäure, Gallensäure, Stoffwechselschlacken, Darmgifte und Keime, die dann über den Darm ausgeschieden werden.

Was eine Heilerdekur bringt

Eine Heilerdekur sollte 1- bis 2-mal im Jahr für 4 bis 6 Wochen durchgeführt werden. Sie ist für jedermann zur allgemeinen Vorbeugung geeignet. Die kurmäßige Anwendung von Heilerde

- ▶ Regt die körpereigenen Abwehrkräfte an
- ▶ Aktiviert die Selbstheilungskräfte
- ▶ Fördert den Stoffwechsel
- ▶ Beugt »Ablagerungskrankheiten« vor
- ▶ Bindet Bakterien und Krankheitskeime
- ▶ Schützt vor Umweltgiften
- ▶ Spendet lebenswichtige Mineralstoffe und Spurenelemente
- ▶ Verbessert das Allgemeinbefinden

Die Kuranwendung von Heilerde ist auch zur Behandlung von leichteren Beschwerden sinnvoll:

- ▶ Zur Normalisierung des Verdauungssystems
- ▶ Bei Magenbeschwerden, Sodbrennen, Blähungen etc.
- ▶ Zur Regulierung des Säure-Basen-Haushalts
- ▶ Zur allgemeinen Entschlackung und Entgiftung
- ▶ Bei Hautunreinheiten
- ▶ Bei brüchigen Nägeln und störrischen Haaren

Preiswert und multifunktional – Kosmetika mit Heilerde sind eine schonende Alternative zu industriell hergestellten Produkten.

Japanische Geishas und reich geschmückte Hofdamen im Gefolge chinesischer Mandarine vergangener Dynastien pflegten ihre Gesichter mit weißer Tonerde zu pudern, um ihrem Antlitz eine vornehme Blässe zu verleihen.

Heilerde in der Schönheitspflege

Nicht nur in der Medizin gibt es derzeit einen Trend zu Naturheilmitteln, auch bei der Körperpflege richtet sich das Augenmerk wieder verstärkt auf altbewährte, sanfte Pflegeprodukte. Synthetische Kosmetika haben allzu oft allergische Reaktionen und Hautunverträglichkeiten zur Folge. Heilerde ist ein effektives und nebenwirkungsfreies Mittel zur Haut- und Schönheitspflege, das im Vergleich zu anderen Pflegepräparaten auch noch preiswert ist.

»Schönheit kommt von innen«

Dieser Satz ist reichlich strapaziert worden, beschreibt aber exakt die Wirkungsweise von Heilerde als Körperpflegemittel. Denn die Einnahme von Heilerde sorgt im Inneren des Organismus für gesündere Verhältnisse, was der Schönheit ganz unmittelbar zugute kommt.

Zum einen liefert Heilerde Kieselsäure und andere wichtige Mineralien und Spurenelemente, die für glänzendes Haar, feste Nägel und eine gesunde Haut unentbehrlich sind. Kieselsäure unterstützt beispielsweise die Regeneration des Bindegewebes und strafft die Haut bis in die untersten Schichten.

Zum anderen entzieht Heilerde dem Körper Giftstoffe und Schlacken und trägt viel dazu bei, das Verdauungssystem – insbesondere den Darm – gesund zu erhalten. Ein gut funktionierender Stoffwechsel macht sich nicht nur durch ein besseres Allgemeinbefinden und ein vitaleres Wesen bemerkbar, sondern auch durch straffe, reine und gut durchblutete Haut. Vielfach sind Akne, Mitesser und Allergien lediglich auf ungesunde Darmverhältnisse zurückzuführen. Auch an fahler, spannungsloser Haut, die zur vorzeitigen Faltenbildung neigt, erkennt man die Auswirkungen von Verdauungsstörungen – selbst von solchen, die von den Betroffenen kaum registriert werden.

Heilerde bei Hautproblemen

In Frankreich ist es üblich, Heilerde zur Schönheitspflege zu verwenden. Wenn man unschöne Pickel hat und abends ausgehen möchte, streicht man auf die betreffende Stelle etwas Heilerdebrei, lässt ihn antrocknen und wäscht ihn ab, wenn er zu bröckeln beginnt. Dies wiederholt man mehrmals am Tag. Der Heilerdebrei bindet Bakterien, Eiter und Talg und trocknet die Entzündungen aus. Abends lassen sich letzte Spuren dann leicht mit ein wenig Make-up abdecken.

Auch die Kosmetikindustrie nimmt sich zunehmend der altbewährten Heilerde an. Als Ergebnis neuester Forschungen wird weiße Tonerde oder grüne Mineralerde in Reinigungsmasken, Cremes und Gesichtswässer für unreine Haut gemischt. Es werden mittlerweile auch so genannte Notfallpakete für die Schnellbehandlung angeboten, die ähnlich wirken wie das gute alte Heilerdepflaster (siehe Seite 53).

Auch von den Aristokratinnen spanischer oder französischer Herrschaftshäuser ist der Gebrauch von Erde als Schönheitsmittel überliefert. Feinkörnige Erden wurden damals als Gesichtspuder genutzt und banden nicht zuletzt unangenehme Gerüche.

Reinigen und Desinfizieren

Pickel sind nicht nur ein Pubertätsproblem. Sie treten heute gehäuft auch bei Menschen über 30 – insbesondere bei Frauen – auf. Man spricht von einer Spätakne und vermutet, dass zu viel Stress der auslösende Faktor sein könnte. Durch länger andauernde seelische und körperliche Anspannung bildet der Körper verstärkt männliche Hormone, die wiederum die Talgdrüsen, dazu anregen, mehr Fett zu produzieren. Es kommt zu einer Verstopfung der Ausführungsgänge der Talgdrüsen, vor allem bei der feinen Hautbehaarung im Gesicht, oder bei talgdrüsenreichen Stellen auf Brust und Rücken. Mitesser entstehen. Wenn sich die Mitesser entzünden, werden daraus kleine eiterhaltige Pickel oder in schlimmeren Fällen Furunkel. Auch wenn man nach langjähriger Einnahme die Antibabypille absetzt, kann der Hormonhaushalt durcheinander geraten und Hautprobleme auslösen.

Für fettige und unreine Haut ist Heilerde nahezu ideal. Sie zieht aufgrund ihres starken Bindevermögens Unreinheiten und Fett aus der Haut, saugt überschüssigen Talg wie ein Schwamm auf, entgiftet und lindert Entzündungen. Heilerde ist natürlich und gut verträglich.

Kombination mit pflegenden Substanzen

Auch für andere Hauttypen – empfindliche, trockene oder reife Haut – ist Heilerde ein geeignetes Kosmetikum. Heilerdeauflagen festigen das Bindegewebe, fördern die Elastizität und Durchblutung und beruhigen die Haut. Sie wird infolgedessen besser mit Sauerstoff und Nährstoffen versorgt, was ihr umgehend eine frische, natürliche Farbe verleiht. Da aber Heilerde pur der trockenen Haut zu viel Fett und Feuchtigkeit entziehen würde, wird sie in solchen Fällen mit wertvollen Ölen, Pflanzenextrakten und anderen nährenden und pflegenden Substanzen kombiniert.

Wer über einen längeren Zeitraum regelmäßig Heilerde einnimmt, leistet einen wichtigen Beitrag zur Gesunderhaltung des Verdauungssystems und betreibt so wirksam Schönheitspflege von innen.

Man kann Pflegepräparate mit Heilerde selbst herstellen oder gebrauchsfertig kaufen. Eine französische Firma (»Ciel d'Azur«, siehe Seite 95) bietet eine Reihe von Pflegeprodukten auf der Basis von weißer Tonerde oder grüner Mineralerde an, beispielsweise:

- Gesichtsmaske für unreine Haut (mit Zitronen- und Olivenöl)
- Rasiercreme (mit Süßmandelöl und Malvenextrakt)
- Zahnpasta (mit Meersalz, ätherischen Ölen und Pflanzenauszügen)
- Duschbad und Shampoo (mit Schachtelhalmextrakt und Kokosöl)
- Haarpackung (mit Maisöl, Malven-, Aloe-vera- und anderen Pflanzenextrakten)
- Feuchtigkeitsmilch (mit Arnika- und Aloe-vera-Extrakt, Johanniskrautöl, ätherischem Minz- und Salbeiöl)
- Badezusatz (mit Algen und Meersalz)
- Waschcreme (mit Pflanzenölen und -auszügen) u. v. a. m.

Packungen und Gesichtsmasken

Zur Gesichtspflege

Alle Heilerdemasken dienen der Tiefenreinigung. Daneben wird die Haut durch die sanfte Massagewirkung besser durchblutet. Heilerde saugt von der Haut abgestoßene Hornschüppchen auf, sorbiert Stoffwechselgifte, Staub- und Rußpartikel aus der Umwelt sowie überschüs-

Eine Heilerdemaske wirkt wie ein sanftes Peeling: Sie nimmt abgestorbene Hautschüppchen, überschüssiges Fett und Schmutzpartikel auf und gibt im Gegenzug wertvolle Mineralien und Spurenelemente an die Haut ab.

sigen Hauttalg. Im Gegenzug gibt sie an die Haut Mineralstoffe und Spurenelemente aus der Erde ab. Diese Substanzen stützen das Bindegewebe, straffen und verjüngen.

Basisreinigungsmaske

Zur Klärung fettiger und unreiner Haut empfiehlt es sich, 2-mal wöchentlich eine Reinigungsmaske aufzutragen. Bei anderen Hauttypen wirkt sie – höchstens 1-mal wöchentlich durchgeführt – als mildes Peeling. Wenn man abends ausgehen möchte, verhilft die Heilerdemaske rasch zu einem frischen und verjüngten Aussehen.

Anwendung

▶ 3 Esslöffel Heilerde mit kaltem Wasser verrühren. Wer mag, kann das Wasser auch leicht anwärmen. Die cremige Masse auf das Gesicht auftragen; Hals und Brust kann man mit einbeziehen. Die empfindliche Partie um Augen und Mund aussparen.

▶ Für die Tiefenreinigung und bei fettiger Haut lässt man die Maske antrocknen und spült sie dann mit lauwarmem Wasser ab.

▶ Für die sanfte Reinigung und bei empfindlicher, trockener Haut legt man auf die Packung ein feuchtes Tuch und wäscht die Maske bereits ab, ehe sie anzutrocknen beginnt.

Bei trockener und empfindlicher Haut kann der Feuchtigkeits- oder Fettverlust durch die Heilerdemaske manchmal zu Rötungen führen. Mit einer guten Pflegecreme lässt sich das aber leicht beheben.

▶ Bei Neigung zu roten Äderchen soll die Maske auf jeden Fall vor dem Antrocknen abgewaschen werden.

▶ Anschließend die behandelte Haut mit einer guten Feuchtigkeitscreme versorgen.

Intensivpeeling

▶ Ein intensiver Peelingeffekt ergibt sich, wenn man die bereits getrocknete Gesichtsmaske mit einem nassen Handtuch anfeuchtet. Dann die Heilerde mit beiden Händen oder mit einem feuchten Handtuch sanft abrubbeln.

Abgestorbene Hautschüppchen werden entfernt, die Haut ist anschließend gut durchblutet und besonders feinporig. Das Peeling nicht öfter als alle 14 Tage durchführen.

Tipp Sehr empfindliche Haut sollte man vor der Heilerdebehandlung dünn eincremen.

Je nach Hauttyp bieten sich für die Heilerdemasken verschiedene Regulative an: die Dicke des Heilerdebreis, das feuchte Tuch, die Dauer und die Häufigkeit der Behandlung.

Was man beachten sollte

Je länger man die Heilerdemaske antrocknen lässt, umso mehr Verunreinigungen und Fette werden sorbiert. Der Reinigungseffekt wird also mit der Dauer der Behandlung intensiver.

▶ Bei unreiner, fettiger und robuster Haut trägt man deshalb den Heilerdebrei bleistiftdick auf. Es dauert dann natürlich etwas länger, bis die Auflage trocken ist.

▶ Empfindliche Haut wird nur messerrückendick eingestrichen. Und um eine allzu rasche Trocknung zu vermeiden, legt man ein feuchtes Tuch darüber.

Die Einwirkzeit der Gesichtsmaske sollte nicht mehr als 30 Minuten betragen. Die Haut soll nach der Behandlung zwar gut gereinigt, feinporig, rosig und gut durchblutet, aber nicht ausgetrocknet sein.

Gesichtsmasken für unreine Haut

▶ 2 Esslöffel Heilerde mit 2 Esslöffeln Weizenkleie und etwas warmem Wasser zu einer cremigen Masse verstreichen. Dünn aufs Gesicht auftragen und abwaschen, wenn die Maske angetrocknet ist. Danach die Gesichtshaut eincremen.

▶ 2 Esslöffel Heilerde mit 2 Teelöffeln Apfelessig und Wasser verrühren. Auftragen und etwa 20 Minuten einwirken lassen. Mit warmem Wasser gründlich abwaschen.

▶ 2 Esslöffel Heilerde mit etwas warmer Milch und 1 Teelöffel Zitronensaft zu einem Brei verrühren und auf das Gesicht auftragen. Nach 10 Minuten mit warmem Wasser abwaschen.

Packungen für trockene und sensible Haut

▶ 2 Esslöffel kaltgepresstes Pflanzenöl (z. B. Süßmandelöl, Weizenkeimöl, Olivenöl) im Wasserbad leicht erwärmen. 2 bis 3 Esslöffel Heilerde einrühren. Die zähe Masse mit etwas Wasser, Fenchel- oder Kamillentee glatt rühren und warm aufs Gesicht auftragen. Etwa 20 Minuten einwirken lassen und mit warmem Wasser abwaschen.

▶ 1 bis 2 Esslöffel Heilerde mit frisch gepresstem Karottensaft verrühren. Den Brei auftragen, etwa 15 Minuten einwirken lassen und mit lauwarmem Wasser abwaschen. Anstelle von Karottensaft kann man alternativ auch Gurken- oder Tomatensaft verwenden.

Die Wirkung der Heilerdepackung wird durch die Zugabe von Pflanzenölen, ätherischen Ölen und Kräutertees verstärkt. Zusätzlich trägt ein Blutreinigungstee dazu bei, das Hautbild zu verbessern.

Packungen für reifere Haut

▶ 2 Esslöffel Heilerde mit 1 Eigelb und etwas warmem Kamillentee verrühren. Auftragen und vor dem Antrocknen abwaschen.

▶ 1 Esslöffel Heilerde mit warmem Wasser und 1 Teelöffel Honig verrühren. Aufs Gesicht auftragen und nach 15 bis 20 Minuten mit viel warmem Wasser abwaschen.

▶ 1 Esslöffel Heilerde mit 3 Teelöffeln warmer Milch und 1 Teelöffel Honig verrühren. Bei sehr empfindlicher Haut gibt man 1/2 Eigelb hinzu. Die Maske leicht antrocknen lassen. Erst mit warmem, dann mit kaltem Wasser abspülen.

Zur Körper-, Haar- und Zahnpflege

Heilerde statt Seife

Heilerde stark mit Wasser verdünnen und unreine oder strapazierte Haut täglich mit dem Heilerdewasser waschen. Darüber hinaus wird keine Seife o. Ä. verwendet.

Anwendung

▶ 3 Esslöffel Heilerde, 2 Esslöffel Olivenöl und 1 bis 2 Teelöffel Honig mit etwas warmem Wasser zu einer geschmeidigen Lotion verrühren, Körper und Gesicht damit einseifen. Dadurch wird die Haut porentief gereinigt und desodoriert.

Heilerdeshampoo

Das Haarwaschmittel aus Heilerde reinigt fettiges Haar, hilft aber auch gegen Schuppen.

Anwendung

▶ 2 bis 3 Esslöffel Heilerde mit Wasser zu einem Brei verrühren, auf das Haar auftragen, die Kopfhaut dabei gründlich massieren. 30 Minuten einwirken lassen, dann mit klarem Wasser auswaschen. Das milde Shampoo kann ruhig mehrmals pro Woche angewendet werden.

▶ Gelegentlich die Heilerde auf den Haaren antrocknen lassen und erst dann mit reichlich Wasser ausspülen – das kurbelt die Durchblutung der Kopfhaut an und fördert die Haargesundheit.

Heilerde ist ein hervorragender Blumendünger: Geben Sie gelegentlich beim Gießen 2 Teelöffel Heilerde ins Wasser, und rühren Sie gut durch. Heilerdewasser versorgt die Pflanzen mit Mineralien. Sie wachsen prächtig und werden widerstandsfähiger gegen Schädlinge.

Haarpackung für fettiges Haar und gegen Schuppen

Anwendung

▶ 3 Esslöffel Heilerde und heißes Wasser zu einem Brei verrühren. Das Haar nach und nach scheiteln und den Brei mit der Hand oder einem Pinsel auftragen. Darüber eine Plastikhaube stülpen.

▶ 20 Minuten einwirken lassen, dann mit handwarmem Wasser auswaschen. Bei starken Schuppen lässt man den Brei bis zu 1 Stunde einwirken, ehe man ihn ausspült.

Paste für strahlend weiße Zähne

▶ Mischen Sie feine Heilerde mit Meersalz zu gleichen Teilen, und putzen Sie von Zeit zu Zeit die Zähne damit. Das macht die Zähne weißer und beugt Zahnfleischentzündungen vor.

Wie bei anderen Pasten gegen Zahnbeläge, die Putzkörperchen enthalten, besteht auch bei häufigem Gebrauch der Heilerdepaste die Gefahr, dass der Zahnschmelz angegriffen wird. Deshalb sollten Sie die Mischung nicht zu oft anwenden.

Über die Autoren
Margot Hellmiß beschäftigt sich seit vielen Jahren mit Naturkosmetik, Naturheilmethoden, alternativen Therapieverfahren, gesunder Ernährung und Diät. Sie ist Autorin erfolgreicher Ratgeber im Gesundheitsbereich.
Falk Scheithauer arbeitet heute nach einem interdisziplinären Studium als freischaffender Autor und Journalist in den Bereichen Mensch, Natur und Gesundheit.

Danksagungen
Wir danken der Heilerde-Gesellschaft Luvos Just in Friedrichsdorf, der Jatex GmbH in Pforzheim und der Firma Ciel d'Azur in Apt-en-Provence, Frankreich, für die freundliche Unterstützung.

Bezugsquellen
Luvos-Heilerde ultra, 1 und 2 sowie Heilerdekapseln sind in Apotheken, Drogerien und Reformhäusern erhältlich.
Grüne Mineralerde von Terra Natura und verschiedene Produkte mit Heilerde (Masken, Zahnpasta) bekommen Sie in Reformhäusern und Apotheken oder direkt bei der Jatex GmbH, Werderstraße 28, 75173 Pforzheim.
Grüne Mineralerde, Heilerdekapseln, Puder und verschiedene Heilerdeprodukte der französischen Firma Ciel d'Azur bekommen Sie in Naturkostläden oder direkt bei Green Power International Naturprodukte, Economiestraat 39, NL-6433 KC Hoensbroek, Tel. 01 30/82 77 28 (gebührenfrei)

Literatur
Hellmiß, Margot: Heilfasten nach F. X. Mayr. Südwest Verlag. 6. Auflage, München 1997
Hellmiß, Margot: Natürlich heilen mit Apfelessig. Südwest Verlag. 19. Auflage, München 1998
Meyer-Camberg, Ernst: Luvos-Heilerde. Wirkung, Anwendung und Heilanzeigen. Heilerde-Gesellschaft Luvos Just. Friedrichsdorf 1994
Ulmer, Günter Albert: Gesund und schön durch Heilerde. Ulmer Verlag. Tuningen 1996

Hinweis
Das vorliegende Buch ist sorgfältig erarbeitet worden. Dennoch erfolgen alle Angaben ohne Gewähr. Weder Autoren noch Verlag können für eventuelle Nachteile oder Schäden, die aus den im Buch gemachten praktischen Hinweisen resultieren, eine Haftung übernehmen.

Bildnachweis
Bilderberg, Hamburg: 8 (Tino Soriano), 22 (Gunter Glücklich), 25 (Frieder Blickle), 46 (C. Boisvieux); Ciel d'Azur, Apt: 17; Das Fotoarchiv, Essen: 6 (Jochen Tack), 11 (Cynthia Foster); Kargl Christian/Schoenenburg Ute, München: U1; Südwest Verlag, München: 32, 66 (Jump/Kristiane Vey), 39 (Siegfried Sperl), 44 (Michael Nagy), 55 (Ezy United); Tunger Matthias, München: 1, 34, 49, 61, 70, 72, 86, 88, 91

Impressum

Redaktion:
Claus Semerak, Evelyn Köhler

Projektleitung:
Anja Feise

Redaktionsleitung und medizinische Fachberatung:
Dr. med. Christiane Lentz

Bildredaktion:
Sabine Kestler

Produktion:
Manfred Metzger

Umschlag:
Heinz Kraxenberger, München
Till Eiden

Layout:
Wolfgang Lehner

DTP/Satz:
Maren Scherer

Druck:
Weber-Offset, München

Bindung:
R. Oldenbourg, München

Printed in Germany

Gedruckt auf chlor- und säurearmem Papier

ISBN 3-517-07801-8

Register